圖 1　毗沙門天（日本平安時代・十二世紀）

圖 2　持國天（日本東寺藏・九世紀）

圖 3　帝釋天（日本奈良秋篠寺藏・八世紀）

圖 4　水天（日本平安時代・十二世紀）

圖 5　羅刹天（十二天屏風・日本東寺藏・十二世紀）

圖 6　十一面觀音與八大龍王像（日本高野山金剛三昧院藏）

圖 7　阿修羅（日本奈良興福寺藏）

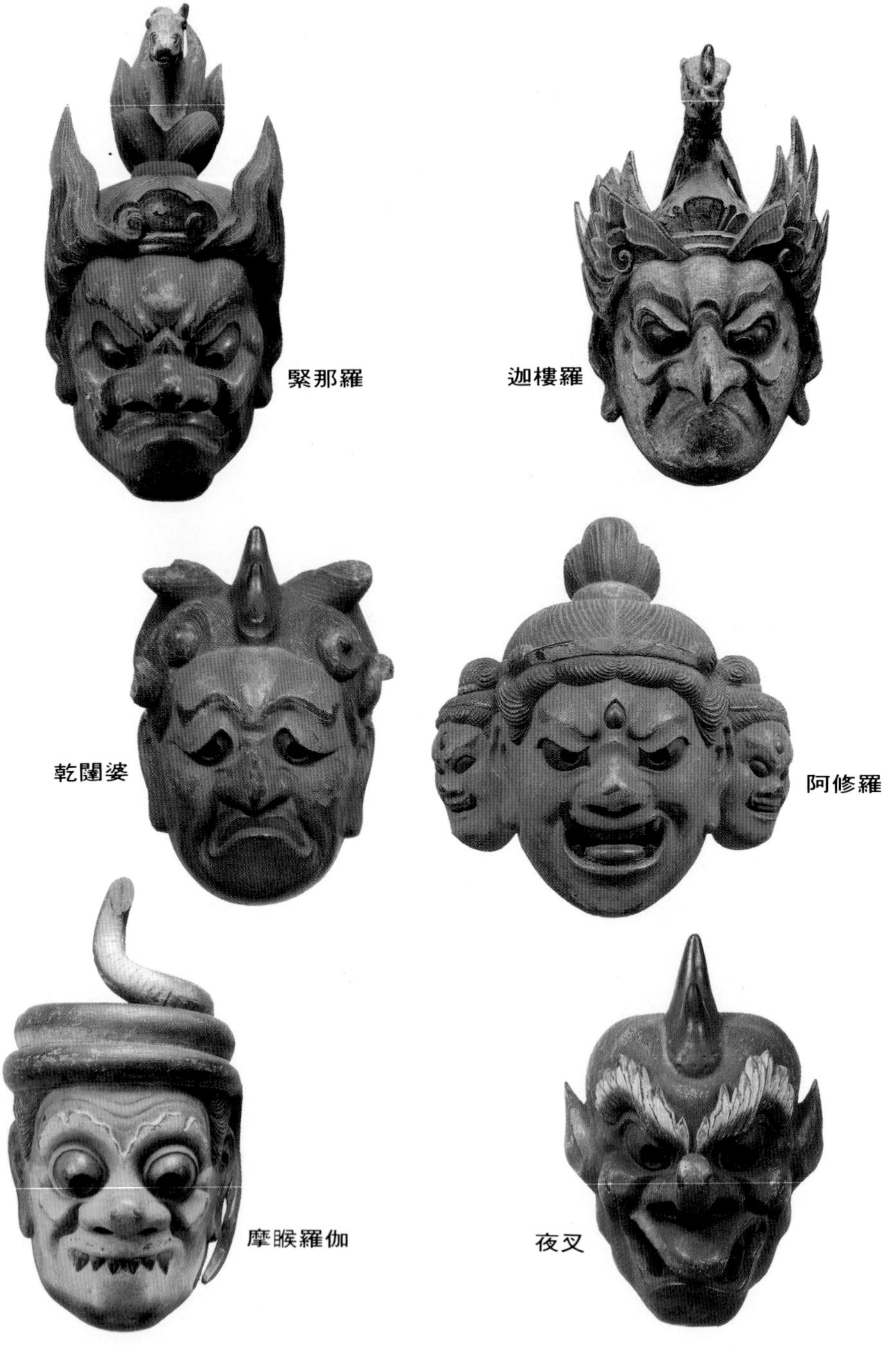

圖 8　八部眾面（日本東寺藏・十三世紀）

佛教小百科 10

天龍八部

天龍八部眾擁有十分強大的力量，守護著佛法及一切的善人。他們鮮明、獨特的個性，甚至成爲文學中的素材。本書詳列天龍八部眾的族群、種類、習性、特徵及故事、圖像，讓讀者完全解明八部眾的秘密，並得到強力的守護。

目錄

出版緣起……009
序……015

第1篇 總論……019

第2篇 天部

第一章 緒論……032
欲界諸天……032
色界諸天……035
無色界諸天……038
天部詞彙……041

第二章 天部諸尊……046

忉利天……046
帝釋天……049
毗沙門天……059
廣目天……068
持國天……072
增長天……076
大自在天……085
他化自在天……092
那羅延天……095
梵天……098
兜率天……106
毗首羯摩天……112
鳩摩羅天……115
光音天……118

廣果天……121
吉祥天……123
辯才天……128
戲忘天……132
夜摩天……133
冰揭羅天……135
大聖歡喜天……137
摩利支天……144
伎藝天……147
地天……149
水天……154
火天……159
風天……165
日天……169

月天……172
三光天子……176
韋陀天……178
大黑天……181
深沙大將……189
七母天……193
十二天……194
二十天……198

第3篇 龍部

第一章　緒論……206
第二章　龍部諸尊……213
難陀龍王……213
優波難陀龍王……214

阿耨達龍王……215
娑伽羅龍王……216
瞿波羅龍王……218
伊羅鉢多羅龍王……219
摩那斯龍王……220
俱利迦羅龍王……221

第三章　龍的故事……224

最先見到佛陀的文鄰龍王……224
佛陀與火龍……227
目連降伏龍王的故事……229
波斯匿王和龍王的恩怨……234
阿波邏羅龍王的故事……239
瞿波龍王與佛影窟……241
迦濕彌羅國開國傳說……243

龍媽媽與人爸爸……244
龍鼓傳說……247
大雪山龍王的故事……249
龍女成佛……252
龍樹菩薩入龍宮求法……255

第4篇 其他護世部眾

第一章 阿修羅……260
諸大阿修羅王……268
阿修羅宮的故事……271
大羅睺阿修羅王獲得福報的原因……272
阿修羅與帝釋天的戰爭……274
預知未來的寶池……276
阿修羅與日蝕、月蝕……277

第二章　夜叉……280
藥師十二神將……287
毗沙門天王八大藥叉神將……297
雪山八大藥叉……298
十六善神……299
曠野神……304
散脂大將……310
第三章　羅剎……314
《守護大千國土經》中的諸尊羅剎……320
供養十二獸的羅剎女……322
十羅剎女……323
《大孔雀咒王經》中的羅剎女諸尊……326
鬼子母神（訶利帝母）……328
羅剎日……333

羅剎的故事……334
第四章　迦樓羅……336
迦樓羅與龍化敵為友的故事……343
金翅鳥從龍受八關齋法……344
第五章　緊那羅……346
大樹緊那羅王……349
第六章　乾闥婆……353
佛典中的乾闥婆諸尊……358
乾闥婆與阿修羅通婚的故事……361
第七章　摩睺羅伽……363
附錄：圖像目錄……366

出版緣起

佛法的深妙智慧，是人類生命中最閃亮的明燈，不只在我們困頓、苦難時，能撫慰我們的傷痛；更在我們幽暗、徘徊不決時，導引我們走向幸福、光明與喜樂。

佛法不只帶給我們心靈中最深層的安定穩實，更增長我們無盡的智慧，來覺悟生命的實相，達到究竟圓滿的正覺解脫。而在緊張忙碌、壓力漸大的現代世界中，讓我們的心靈，更加地寬柔、敦厚而有力，讓我們具有著無比溫柔的悲憫。

在進入二十一世紀的前夕，我們需要讓身心具有更雄渾廣大的力量，來接受未來的衝擊，並體受更多彩的人生。而面對如此快速遷化且多元無常的世間，我們也必須擁有十倍速乃至百倍速的決斷力及智慧，才能洞察實相。

同時，在人際關係與界面的虛擬化與電子化過程當中，我們更必須擁有更廣大的心靈空間，來使我們的生命不被物質化、虛擬化、電子化。因此，在大步邁向新世紀之時，如何讓自己的心靈具有強大的覺性、自在寬坦，並擁有更深廣的慈悲能力，將是人類重要的課題。

生命是如此珍貴而難得，由於我們的存在，所以能夠具足喜樂、幸福，因自覺解脫而能離苦得樂，更能如同佛陀一般，擁有無上的智慧與慈悲。這種菩提種子的苗芽，是生命走向圓滿的原力，在邁入二十一世紀時，我們必須更加的充實。

因此，如何增長大眾無上菩提的原力，是〈全佛〉出版佛書的根本思惟。所以，我們一直擘畫最切合大眾及時代因緣的出版品，期盼讓所有人得到真正的菩提利益，以完成〈全佛〉（一切眾生圓滿成佛）的究竟心願。

《佛教小百科》就是在這樣的心願中，所規劃提出的一套叢書，我們希望透過這一套書，能讓大眾正確的理解佛法、歡喜佛法、修行佛法、圓滿佛法，讓所有的人透過正確的觀察體悟，使生命更加的光明幸福，並圓滿無上的菩提。

因此，《佛教小百科》是想要完成介紹佛法全貌的拼圖，透過系統性的分門別類，把一般人最有興趣、最重要的佛法課題，完整的編纂出來。我們希望讓《佛教小百科》成爲人手一冊的隨身參考書，正確而完整的描繪出佛法智慧的全相，並提煉出無上菩提的願景。

佛法的名相眾多，而意義又深微奧密。因此，佛法雖然擁有無盡的智慧寶藏，對人生深具啟發與妙用，但許多人往往困於佛教的名相與博大的系統，而難以受用其中的珍寶。

其實，所有對佛教有興趣的人，都時常碰到上述的這些問題，而我們在學佛的過程中，也不例外。因此，我們希望《佛教小百科》，不僅能幫助大眾了解佛法的名詞及要義，並且能夠隨讀隨用。

《佛教小百科》這一系列的書籍，期望能讓大眾輕鬆自在並有系統的掌握佛教的知識及要義。透過《佛教小百科》，我們如同掌握到進入佛法門徑鑰匙，得以一窺佛法廣大的深奧。

《佛教小百科》系列將導引大家，去了解佛菩薩的世界，探索佛菩薩的外相、內義，佛教曼荼羅的奧祕，佛菩薩的真言、手印、持物，佛教的法具、宇宙觀……等等，這一切與佛教相關的命題，都是我們依次編纂的主題。透過每一個主題，我們將宛如打開一個個窗口一般，可以探索佛教的真相及妙義。

而這些重要、有趣的主題，將依次清楚、正確的編纂而出，讓大家能輕鬆的了解其意義。

在佛菩薩的智慧導引下，全佛編輯部將全心全力的編纂這一套《佛教小百科》系列叢書，讓這套叢書能成爲大家身邊最有效的佛教實用參考手册，幫助大家深入佛法的深層智慧，歡喜活用生命的寶藏。

天龍八部——序

在佛典中，除了諸佛菩薩、阿羅漢等聖者及在解脫與輪迴間流轉的人類之外，還有一類各自有著十分鮮活個性的眾生存在。他們擁有著十分強大的力量，守護著佛陀、佛法與善人，但是同時又有著各自的煩惱與脾氣。

這些生命是佛陀的忠誠信眾與聽眾，只要佛陀出現或說法時，他們都十分歡喜的守護與聽法。雖然在佛經中，他們並不是主體，但是卻使法會更加的豐富與圓滿。

因此，我們常在經典中，看到天龍八部出現在法會的會場，然後，就靜靜的在一旁聽法，莊嚴道場，最後則是對佛陀所說的教法歡喜奉行，或發願護持。在佛法大會中，有了他們的存在，使法會更熱絡，也更加莊嚴。

天龍八部包含了天、龍、夜叉、乾闥婆、阿修羅、迦樓羅、緊那羅及摩睺羅伽等護持佛法的八種守護神。這八部守護神中，除了天神之外，大多長得十分奇特、威猛。

雖然有些人感覺這些護法的形像有些令人驚恐，不過基本上，這八部眾都是具有善心的，歡喜護持佛法及善人。但是由於他們的個性，有時十分的奇特，因此各自具有不同的驕慢、瞋心、脾氣、貪欲、痴迷、疑念與我執。甚至相互之間，也會因爲因緣不契相互鬥爭，這時還得依靠佛陀來加以調停。像帝釋天與阿修羅，更是最常見的例子，他們在相互爭戰時，經常戰得天崩地裂、日月無光，引起極大的恐慌。而迦樓羅（金翅鳥）天生喜歡吃龍，弄得龍族不得已，只好向佛陀求救，最後還是佛陀調停，才能相安無事。

「天」，是指大梵天、帝釋天、四大天王等天神。他們的果報殊勝，又具有光明清淨，而生命中充滿歡樂，「龍」是指八大龍王等水族的主宰。「夜叉」，則指能飛騰空中的鬼神。「乾闥婆」是帝釋天王的音樂神。以香爲食物。「阿修羅」，意譯爲非天、無端正或無溢，此神性好言爭鬥，時常與帝釋天戰鬥。「迦樓羅」，即金翅鳥，身形十分的鉅大，兩翅相去有三三六萬里，以龍爲食物。「緊那羅」好像人一樣而有角，所以又名爲「人非人」，又稱爲天伎神、歌神。「摩睺羅伽」，即大蟒神。這八部眾都是佛的眷屬，受到佛陀威德的感化，而護持佛法。

天龍八部眾是如此奇特有趣，尤其在佛法傳入中國之後，不只成爲佛教徒耳熟能詳的護法，也逐漸滲入中國人的日常生活，成爲民俗信仰中的一部分。甚至在文學、筆記小說中，都成爲廣泛應用的素材。

像金庸的武俠小說當中，也有一部「天龍八部」，以天龍八部的強烈脾氣，鮮明的個性來刻畫小說人物的特質。其實從這種觀點看來，在人類的深層脾性當中，也可以是天龍八部的寫照，在人類的深層偏執中，使我們的人生那麼的悲、喜、哀、樂、愁、暢，活的似乎是那麼的明晰，卻又那麼的糊塗。那麼的糾纏，又那麼的充滿了光明希望。

天龍八部雖然大家似乎十分的熟悉，但要仔細的了解其內容，卻似又有些困難。而且至今尚未有專書來解明。因此，本書的出現，對想了解天龍八部的讀者，可以說是必備的手冊。本書不只正確而完整的說明天龍八部的族群、種類、習性、特徵、故事，並蒐集了天龍八部的各種圖像，讓所有的讀者擁有一部天龍八部的百科全書，完全解明八部眾的秘密。

天龍八部雖然是充滿了善心的護法，但依然還是凡夫眾生，需要修持才能圓滿佛道，因此在編集此書的同時，我們也期望他們能生起無上的智慧與悲心，而成就無上的佛果，也願他們守護一切眾生，守護閱讀這本書的讀者，讓大家共同成就圓滿的菩提。

第1篇

總論

天龍八部在經典中時常出現在法會中，莊嚴道場，對佛陀所說的教法歡喜奉行，並且發願護持。以下我們先將八部眾做一完整簡單的介紹。

⊙天

天（梵語 deva），音譯為提婆。意譯為天界、天道等。是指六道之中的天道。梵語 deva 有天上者或尊貴者的意思。

天界眾生所居住的處所，可分為欲界、色界、無色界，而欲界有六天，色界有四靜慮處十七天，無色界有四處，共是三界二十七天。（如附表一）

欲界六天又稱為六欲天，此界的眾生因為有淫欲、食欲二大欲，因此稱為欲界天。此六欲天即四天王天（持國天、增長天、廣目天、多聞天）、忉利天（又稱三十三天）、夜摩天、兜率天、化樂天、他化自在天。以地點來說，欲界上自六欲天，中自人界之四大洲，下至無間地獄。在佛教的宇宙觀中，我們這個世界是無量世界中的一者，以須彌山為中心。其中四天王天在須彌山之半腹，忉利天在須彌山之頂上，所以此二者稱為地居天。兜率天以上住在空中，所以稱為空居

- 無色界
  - 非想非非想處
  - 無所有處
  - 識無邊處
  - 空無邊處
- 色界
  - 初禪天
    - 大梵天
    - 梵輔天
    - 梵眾天
  - 二禪天
    - 極光淨天
    - 無量光天
    - 少光天
  - 三禪天
    - 遍淨天
    - 無量淨天
    - 少淨天
  - 四禪天
    - 色究竟天
    - 善見天
    - 善現天
    - 無熱天
    - 無煩天
    - 無想天
    - 廣果天
    - 福生天
    - 無雲天
- 欲界
  - 六欲天
    - 他化自在天
    - 樂變化天
    - 兜率天
    - 夜摩天
    - 三十三天
    - 四天王眾天

附表一：三界二十七天

天。

色界諸天在欲界之上。此界由禪定之淺深粗妙來分爲四級，稱爲四禪天。此界有身形有宮殿。四禪天分別爲：

一、初禪天：下分梵眾天、梵輔天、大梵天。

二、二禪天：下分少光天、無量光天、光音天。

三、三禪天：下分少淨天、無量淨天、偏淨天。

四、四禪天：下分無雲天、福生天、廣果天、無想天、無煩天、無熱天、善見天、善現天、色究竟天。

無色界，此界無身形無宮殿，只是心意識的或相續或靜止，亦可說是在禪定中。其中有四：空無邊處、識無邊處、無所有處、非想非非想處。

下一篇我們將選擇常見的諸天加以介紹。

◉龍

龍（梵文nāga），音譯「那伽」、「曩誐」。龍族居住在水中，能呼雲興雨，爲蛇形鬼類，亦爲守護佛法之八部眾之一。愚癡瞋恚特重的眾生，因此業報的緣故，而投生於龍族，出生於戲樂城。

龍族的領袖稱爲龍王（nāgarāja），他們具足強大的威力，常爲佛的守護者。如善住龍王、難陀、婆難陀龍王、阿耨達龍王等，都是行大乘佛法、精進修行的龍王。

他們的眷屬也都瞋心淡薄，而且憶念福德，能隨順法行，屬於法行龍王，不受熱沙之苦，而且以善心依照時序降雨，使世間五穀成熟。

相對於法行龍王，另外有一類「非法行龍王」，如波羅摩梯、毗諶林婆、迦羅、睺樓睺樓等龍王，他們不順法行，行不善法，不敬沙門及婆羅門，所以常受到熱沙燒身的苦果，這些惡龍常在閻浮提現起大惡身，興起暴惡雲雨，使世間一切五穀損害。

而閻浮提的龍王，除了阿耨達池龍王之外，都有三種過患：

(1)被熱風、熱沙著身，受皮骨肉髓燒灼之苦惱。

(2)龍宮內，時常惡風暴起，諸龍經常遭受失去寶飾衣物，龍身自現的苦惱。

(3)諸龍各在宮中相娛樂時，突然會有迦樓羅（金翅大鳥）入宮撲捉諸龍吞食，使龍族心常恐怖，常懷熱惱。經中又說龍族有卵生、胎生、濕生、化生之別，依次被卵、胎、濕、化四生的迦樓羅所食。

⊙夜叉

夜叉（梵文 yakṣa），又作藥叉。意譯為捷疾、威德等。即止住地上或空中，以威勢惱害人類或守護正法的鬼類。

夜叉的種類可分為地行、虛空及宮殿飛行等三種。地行夜叉，常得種種歡樂、音樂、飲食等；虛空夜叉，具有大力，所至如風；宮殿飛行夜叉，有種種娛樂及便身之物。

夜叉又可分為惱害人夜叉及守護正法夜叉二種。

惱害人之夜叉，經常變化作種種形貌，如師子、大象等等形貌，或化作頭很大身體很瘦小，或是青赤色的外形，或是只有腹赤，有時一頭兩面、三面、四面等，身上長滿粗毛，頭髮直豎，如師子毛一般，或是一身二個頭，或是斷頭，或是只有一目，牙呈鋸齒突出，或是粗脣下垂……等等怪異形貌，使人非常怖畏。

他們手中有時持矛戟和三岐戈，或是捉劍，或是捉鐵椎，或捉刀杖，常揚聲大叫，使見者恐怖畏懼，生大驚懼，心意錯亂迷醉，失去節制，猖狂放逸，飲人精氣。

⊙乾闥婆

乾闥婆（梵文 gandharva），又作犍闥婆、乾沓婆等。意譯為食香、尋香等。

乾闥婆在印度神話中，原來是半神半人的天上樂師，是帝釋天屬下職司雅樂的天神。此神經常住在地上的寶山之中，有時昇至忉利天演奏天樂，善於彈琴，演奏種種奇妙的雅樂。乾闥婆是東方持國天的眷屬，為守護東方的神，有眾多眷屬。其同時也是觀音二十八部眾之一。

在《補陀落海會軌》記載乾闥婆的形象：頂上有八角冠，身相為赤肉色，身如大牛王，左手執簫笛，右手持寶劍，具大威力相，髮髻有焰鬘冠。

印度人將幻現於空中之樓閣山川（即海市蜃樓），稱為乾闥婆城。佛經中也常用乾闥婆城來形容諸法的如幻如化。如《大品般若經》所說：「解了諸法，如幻如焰，如水中月，如虛空，如響，如犍闥婆城，如夢，如影，如鏡中像，如化。」

除此之外，密教中也有一位乾闥婆神王，全稱為「旃檀乾闥婆神王」，是守護胎兒及孩童之神。相傳在胎兒誕生之時，常有夜叉羅刹喜歡噉食或傷害胎兒，又有彌酬迦等十五個鬼神，常常遊行世間，常會驚嚇到嬰孩小兒。如果有人誦讀乾闥婆神王陀羅尼，誠心祈求，則鬼神就不能侵擾。因此乾闥婆又被視為小孩的守護者。

⊙阿修羅

阿修羅（梵名 asrua），又作阿素羅、阿素洛等。意譯為非天、不端正等，略稱為「修羅」。阿修羅原來是印度最古老的惡神之一，與帝釋天率領之天族敵對。在佛教中，則與乾闥婆、緊那羅等同為天龍八部眾，守護佛法。

何等眾生會投生到修羅道呢？經中說，具瞋心、慢心、疑心等三種，特性強烈的眾生，會投生於修羅道。另外有十種使眾生投生於阿修羅道的業因：⑴身行微小之惡，⑵口行微小之惡，⑶意行微小之惡，⑷常生起憍慢心，⑸常生起我慢心，⑹常生起增上慢，⑺生起大慢心，⑻生起邪慢心，⑼生起慢慢，⑽常將所行一切善事功德，祈願投生修羅道。

而修羅可分爲二種：⑴鬼道所攝的修羅，即魔身餓鬼，具有神通力；⑵畜生道所攝的修羅，住在大海底須彌山側。另也可依胎生、卵生、濕生、化生四生而分四種。

有的修羅於鬼道以護法的力量，成神通入於空中，這是從卵而生，爲鬼趣所攝。如果於天中降德下墮，所居住之處鄰於日月，此種阿修羅即從胎而出，爲人趣所攝。有的阿修羅執持世界，能與梵王及天帝釋四天爭權，此類阿修羅爲化生，是天趣所攝。另有一類阿修羅，出生於大海中，沈於水穴口，以濕氣而出生，爲畜生所攝。

阿修羅與帝釋天一向是死對頭，經常互相爭鬥，打得天崩地裂常要勞動佛陀出面調停。

⦿迦樓羅

迦樓羅（梵名 garuḍa）迦留羅、意爲金翅鳥等名。是印度神話中，一種性格猛烈的大鳥，爲佛教天龍八部眾之一。

迦樓羅的軀體極大，兩翅一張開，有數千餘里，甚至於數百萬里之大。他的翅膀是由眾寶交織而成，所以又稱爲「金翅鳥」或「妙翅鳥」。

迦樓羅常到龍宮捕龍爲食，所以龍族將此列爲三大災害之一，經典中也常見龍族與迦樓羅的故事。

由於迦樓羅性格勇猛，因此密宗乃以其象徵勇健菩提心，並且有以其爲本尊的各種修法。

⊙緊那羅

緊那羅（梵名Kiṃnara），又作「緊捺羅」、「真陀羅」、。意譯「人非人」、「疑神」，又譯「歌神」、「樂神」。諸天在舉行法會時，經常由緊那羅擔任音樂演奏。緊那羅又作「疑神」，這是由於他們頭上長了角，似人非人，似天非天，令人疑惑不定，故名爲疑神。緊那羅中的領導者，即是緊那羅王。

緊那羅有美妙的音聲，又能作歌舞，男性緊那羅馬首人身，善於歌唱，而女性則面貌端正秀麗，能作妙舞，常與乾闥婆天爲妻室。

在經典中經常可以看見緊那羅演奏美妙的音樂，莊嚴道場。

⊙摩睺羅伽

摩睺羅伽（梵名Mahoraga），音譯又作摩呼羅伽、莫呼洛、摩休洛。譯爲大腹行、大智行、大智腹行、大蟒蛇、大蟒神。

摩睺羅伽是無足、腹行的蟒神。在新譯《華嚴經》卷一〈世主妙嚴品〉中，曾提到善慧、清淨威音等無量摩睺羅伽王的名稱。

天龍八部眾，在經典中雖然不是主體，但是法會有了他們的參加，似乎更加熱鬧可喜，也是全佛法界更繽紛豐富的展現。而他們鮮明的性格，因而產生了許多奇特、有趣的故事，我們在以下的篇章中會陸續介紹。

第2篇

天部

第一章 緒論

欲界諸天

(1)四天王天（梵文 Catur-mahārājikā-devāḥ）：又作四大王天、四王天，指居住於須彌山腰的持國天（東）、增長天（南）、廣目天（西）、多聞天（北）等四天王及其所率領的天眾。須彌山是所以在欲界天之中，此天最廣。其所居之處離大海四萬由旬，距山頂的忉利天亦四萬由旬。由旬是印度計算里程之單位，據《大唐西域記》中記載，佛經中一由旬約可換算爲十六里。此天的壽命，人間五十年相當於其一晝夜，壽命皆爲五百歲，因此他們的壽命約爲人間的九百多萬歲。此天天人身長四分之一俱盧舍，衣長一由旬。以身形交媾成淫事，與人間無異，但是沒有人間各種不淨。

(2)忉利天（Trayasatriṃśat-deva）：「忉利」爲梵語 Trayastriṃśat 的音譯，意思是「三十三」。此天又譯爲「三十三天」。是指住在須彌山頂上的三十三天。帝釋天止住於中央（善見城），其四方各有八天（八城），合計三十三天。山頂四隅各有一山峰，高五百由旬，由金剛手、藥叉於中守護諸天。帝釋天所居住的善見城，城外四面有四苑，是諸天眾遊戲的地方。此天離大海八萬由旬，由上方的夜摩天亦相距八萬由旬。例如壽命，以人間百年爲一晝夜，壽命長千歲。身高長四分之二俱盧舍，衣服長二由旬。他們行欲之相，亦以身形交媾成淫，與人間無異，但是沒有諸不淨。

(3)夜摩天（Suyamā-deva）：又譯「善時天」或「時分天」。此天依於虛空而住，常受持快樂的果報。此天離大海十六萬由旬，距上方的兜率天亦十六萬由旬。夜摩天以人間二百年爲一晝夜，壽命長二千歲。身長四分之三俱盧舍，衣長四由旬。此天天眾以相抱而成淫事。

(4)兜率天（Tuṣita-deva）：又譯爲「知足天」。此天依於虛空而住，對於色、聲、香、味、觸、法等五欲的境界，能有所節制滿足。《彌勒上生經》說此天宮有牢度跋提大神，當其發誓爲彌勒菩薩造善法堂時，其額上現出五百億寶珠，此摩尼光迴旋於空中，形成四十大重微妙寶宮。此天距離大海三十二萬由旬，距上方的化樂天亦三十二萬由旬。其壽命，以人間四百年爲一晝夜，壽命長約四千歲。此天眾生身長一俱盧舍，衣長八由旬。行欲之相，執手即成淫事。

(5)化樂天（Nirmāṇarati-deva）：此天依於虛空而住，經常自在度化五塵之欲而娛樂，所以稱爲化樂天。此天離大海六十四萬由旬，距上方的他化自在天亦六十四萬由旬。其壽命，以人間八百年爲一晝夜，定壽爲八千歲。身長一又四分之一俱盧舍，衣長十六由旬。男女之間的欲望，只要雙方微笑便滿足了。

(6)他化自在天（Paranirmitavaśavatin-deva）：即魔王天，依於虛空而居住，常假藉他所化的愛欲境界而自在受樂，故稱爲他化自在天。此天距離大海一百二十八萬由旬。其壽命，以人間一千六百年爲一晝夜，定壽爲一萬六千歲。身長一又四分之二俱盧舍，衣長三十二由旬。男女之間的欲望，只要雙方相視，欲望即得滿足。

色界諸天

色界（梵文 rūpa-dhātu）為三界之一。又稱為色天、色行天。「色」有變礙、示現之義；「界」有能持自相、種族之義。此界位於欲界上方，但遠離欲界的染污，一切物質皆是清淨的。色界天的眾生離於一切欲望，不染著於穢惡的色法，但是仍然被清淨微細的色法所繫縛，沒有男女之別，不會產生憂、苦，衣著皆自然而有，且以光明為食物與語言。

此界諸天依禪定的深淺次第，可分成四地，即：

1. 初禪天：因遠離欲界過患而生喜樂，所以又稱為離生喜樂地。初禪天有三天：

(1)梵眾天（梵名 Brahma-pāriṣadya）：是大梵王所帶領、度化之眾。

(2)梵輔天（梵名Brahma-purohita）：於梵王前行列侍衛，爲其輔翼之臣。

(3)大梵天（梵名Mahā-brahman）：即大梵天王。大梵天是由廣大的善報所出生。

2.二禪天：此天比初禪定中更生寂靜的喜樂，故又稱爲定生喜樂地。此地有三天：

(1)少光天（梵名Parīttābhā），於二禪天中光明最少。

(2)無量光天（梵名Apramāṇābhā），此天光明轉增至，難以量測。

(3)極光淨天（梵名Ābhāsvara）：此光明於無量光天，而且能偏照自地，又因爲光明爲語言，所以又稱爲光音天。

3.三禪天：三禪天的禪定境界，已經沒有二禪的大喜湧動，只有綿綿無已的大樂，從內心發起，這種心樂美妙，難以比喻，是世間第一大樂。

(1)少淨天（梵名Parītta-śubha）：因意地受樂，所以名爲淨，少淨天是三禪中淨樂最少者。

(2)無量淨天（梵名Apramāṇa-śubha）：此天喜樂的覺受，轉爲更加殊勝，超過於少淨天。

(3)遍淨天（梵名Subha-kṛtsna）：此天是三禪天中喜樂的覺受最殊勝者，而且週遍。

4.四禪天：因爲捨棄第三禪的妙樂，體悟無苦無樂與微妙的捨受，所以名爲捨具禪，又名爲「不動定」。

(1)無雲天（梵名Anabhraka）：其下爲空中天所居住之處，如雲密合；此上諸天無雲地，故爲無雲之首。

(2)福生天（梵名Puṇya-prasava）：因爲具有殊勝的福德果報，方可往生此天，所以名爲福生天。

(3)廣果天（梵名Bṛhat-phala）：在色界中，此爲最殊勝的異生果。

(4)無煩天（梵名Avṛha）：此天遠離欲界的苦及色界的樂，而沒有煩惱。

(5)無熱天（梵名Atapa）：此天沒有熱惱，清涼自在。

(6)善現天（梵名Sudṛśa）：住此天的聖者，其果德易於顯現。

(7)善見天（梵名Sudarśana）：生於此天，所見的世界極爲清澈。

(8)色究竟天（梵名Akaniṣṭha）：此天究竟諸色幾微之處，入無邊際，爲色界天最殊勝之天。

以上諸天之中，從無煩天至色究竟天等五天，因爲遠離一切欲望，諸聖人以聖道水洗濯煩惱垢，只有聖人可以居此，沒有夾雜凡夫、外道等，又爲得證聲聞第三果阿那含位的聖人所出生處。所以總稱五淨居天（Sud-dhavāsa）、五那含天。

無色界諸天

無色界（梵名ārūpya-dhātu）此天界沒有物質現象，只剩下受、想、行、識四種生命特性。

無色界又名爲四無色天、四無色處，可分爲四天，即爲一、空無邊處天，二、識無邊處天，三、無所有處天，四、非想非非想處天。

這四種禪定境界能超離於一切物質現象（色法）的纏縛，依止於精神現象（

無色法）而存有，此定從境得名，所以名爲「無色定」。

在四空處天之中，一切現象都是無形無質，宛若虛空般的存在。在這四無色天的定境中，惟有存在於心念與心念之間的相互依止，所以這四種定心亦名爲「定處」，並以所憶念觀照的境界爲依止之處。

要入於無色界天，必須修學對治物質現象（色法）的繫縛，並除滅一切物質外境的感受與思惟，藉以除滅一切物質色法的修行，而達到依止於如虛空無色的純粹精神境界，也就是只依存於念念相續，而沒有任何相對的物質色法的現起與思惟的定心之中。

1.空無邊處天（Ākāśanantya-yatana）

空無邊處天的天人，由於心緣於無邊的虛空境界，而意念毫無分散，既無物質色法的纏縛，而且心念意識完全的澄靜而且自在無礙。

2.識無邊處天（Vijnānantya-y.）

入於識無邊處的天人，是由於厭棄虛空無邊，觀察虛空所緣的受、想、行、識，是如病、如癰、如瘡、如刺一般不可愛樂，並且是無常、苦、空、無我的，是欺誑不實和合而有的虛幻境界進而入於識無邊處天。

識無邊處天的禪定境界之中，不會見到任何的事相，只見到現在的心識，念念不住而且定心分明，心識廣闊，無量無邊，而在禪定中，並且能憶起過去已滅的無量無邊心識，以及未來應起的無量無邊心識，所有三世的心念皆在定中現起與識法相應。

3.無所有處天（梵名 Akiñcanya-y.）

修習無所有處定的天人，由於觀察識無邊處的過患，訶責識無邊處定及觀破識無邊處定的境界，因此得生於無所有處天。

生於此天的天人，自心怡然寂靜，絕斷諸眾心念，一切心想皆不生起。此時連心相也不可見，因爲心中無所分別，所以名爲無所有處天。

4.非想非非想處天（梵名 Naivaśānjnānasanjnā.y.）

非想非非想處天，所謂「非想」，是因爲在此天的天人，已經滅除了粗想的心念，而其中雖然尚有微細的心念，但由於太微細了，所以無法運思並且難以覺察的緣故，所以稱爲非想，但是由於尚有甚深微細的心念，故又稱爲非非想。

非想非非想處天的禪定，是所有世間禪定中最細密、最高的禪定，也是世界存有的最終感受，可以說是世間禪定的顛峰。

天部詞彙

⊙天王

指欲界、色界諸天中，每個天國的領袖。例如在欲界天中四王天，有東、南、西、北四天王，日、月、諸星為其臣眾。忉利天中，以帝釋天為王，統領三十三天的天眾。在兜率天，釋迦牟尼佛降生之前即是兜率天天王。

色界的天王，如色界初禪天的的天王是尸棄大梵，統領梵輔、梵眾諸天。

⊙天堂

指天眾所住的殿堂。又稱為天宮。此外，天堂也常作為「地獄」相對的名詞，如《法華玄義》中說：「心能地獄，心能天堂，心能凡夫，心能賢聖。」

⦿天華

指天上的殊妙華朵。佛陀或轉輪勝王在示現奇特瑞相時，天人爲了表示讚歎，而雨下天華。經典中常見的天華有：曼陀羅華、摩訶曼陀羅華、曼殊沙華、摩訶曼殊沙華、優鉢羅華、波頭摩華、拘物頭華、芬陀利華、瞻蔔迦華、阿提目多華、波利尸迦華、蘇摩那華等共計十二種。

此外，印度古代習慣以「天華」來稱讚美好之物，如《大智度論》卷九中說：「天竺國法，名諸好物，皆名天物；是人華非人華，雖非天上華，以其妙好，故名爲天華。」

⦿天童

指以童子形現身人間，以供差遣的護法諸天。在《法華經》卷五中說：「讀是經者，常無憂惱，又無病痛，顏色鮮白，不生貧窮、卑賤醜陋，眾生樂見，如慕賢聖，天諸童子，以爲給使。」又，《釋門正統》卷八也記載，唐朝道宣律師禪慧兼修，弘傳律義，感得天龍禮覲聽法，毗沙門天王也遣子護持。

⊙天樂

指天界的音樂，在法會時諸天常以殊妙的天樂供養佛陀。

⊙天鼓

指忉利天中不需敲打而自然發出聲響的鼓，或是天人所持之鼓。如《華嚴經》〈賢首品〉中說：「忉利天中有天鼓，從天業報而生得。如諸天眾放逸時，空中自然出此音：『一切五欲悉無常……汝應受樂真實法。』三十三天聞此音，悉共來昇善法堂，帝釋爲說微妙法，咸令順寂除貪愛。

此外，佛之說法也常以天鼓之音喻之，如《法華義疏》卷一中說：「外國名佛以爲天鼓，賊欲來時天鼓則鳴，賊欲去時天鼓亦鳴。天鼓鳴時諸天心勇，天鼓鳴時修羅攝怖。眾生煩惱應來佛則爲說法，眾生煩惱應去佛則爲說法。佛說法時弟子心勇，佛說法時諸魔懼怖。天鼓無心能為四事，如來雖說亦復無心，是故諸佛以為天鼓也。」

◉天人五衰

這是指住在天界的眾生，當其福報將盡，臨命終時，所現起的五種衰相。也稱為五衰、五衰相、五相。

此五衰相分別是：⑴頂上華冠自行凋萎，⑵天衣出現垢膩，⑶腋下流汗，⑷不再樂於本座，⑸身邊的玉女嫌棄遠離。《摩訶摩耶經》卷下、《大智度論》卷五亦有列舉，但是略有差異。

此外，在《大毗婆沙論》在大的五衰相之後，亦舉出小五衰相。

⑴種種衣服莊嚴具不再發出樂聲：平時天人往來轉動時，身上的莊嚴器具自然會發出五種樂聲。但是當壽命將盡時，就不再發出此聲。

⑵自身光明忽然昏昧不明：平時天人身光赫奕，晝夜恆常照耀。但是將臨命終時，身光就逐漸變微小昏昧。

(3)於沐浴後水滴著身：因爲天人的皮膚非常細滑微妙，因此沐浴後，水滴不會黏著於身上。但是將臨命終時，水滴便會依著於身上。

(4)本性囂馳而今滯於一境：諸天人種種境界悉皆殊勝微妙，諸根皆如同旋火輪一般，從不暫時停止。但是臨命終時，諸根則專一而執著於一個境界。

(5)眼根本來凝然寂靜，現在眼目數數瞬動：天人平日身力強盛，眼目安定不會瞬動，但是臨命終時，由於身力虛弱，眼目就經常瞬動不安。

⊙天衣無縫

指天人所著的衣服，沒有人工縫合的痕跡。天衣是指天人所著之衣，相傳其重量極輕，且其重量又隨著天界的往上遞昇而遞減。

《大智度論》卷三十四中說：「色界天衣無重相，欲界天衣從樹邊生，無縷無織，譬如薄冰，光曜明淨，有種種色。色界天衣純金色，光明不可稱知。」由文中的「無重相」及「無縷無織」等字樣，可知天衣的重量極輕，而且無線縷織造的痕跡可追尋。

第二章 天部諸尊

忉利天

忉利天（梵名 Trāyastriṃśa），音譯多羅夜登陵舍，意譯作三十三天，「忉利」是梵名的略稱。此天爲欲界六天中的第二天，位須彌山頂。帝釋天止住於中央的大城，四方各有八城由其眷屬天眾居住，合計共有三十三天。此即其名爲三十三天的由來。

此三十三天在《正法念處經》卷二十五中詳列其名爲：住善法堂天、住峯天、住山頂天、善見城天、鉢私地天、住俱吒天、雜殿天、住歡喜園天、光明天、波利耶多樹園天、險岸天、住雜險岸天、住摩尼藏天、旋行地天、金殿天、鬘影處天、住柔軟地天、雜莊嚴天、如意地天、微細行天、歌音喜樂天、威德輪天、月行天、閻摩娑羅天、速行天、影照天、智慧行天、眾分天、住輪天、上行天、威德顏天、威德燄輪天、清淨天等。

關於此天的莊嚴及天眾種種狀況，諸經所説略有出入。概略而言，此天位須彌山頂，距離須彌山半腹的四天王住處第四層有四萬由旬，距大海有八萬由旬，四面寬廣亦各爲八萬由旬。四隅各有一峯，其高五百由旬，由號稱金剛手的藥叉神居住，以守護諸天。中央的大城名爲善見（又名喜見），爲切利天主帝釋居止之處。周圍一萬由旬，高一由旬半（一説四百由旬）。

其地平坦，乃真金所成。且以雜寶嚴飾，觸地柔軟如兜羅綿。城中有殊勝宮殿，周圍千由旬，以種種妙寶莊嚴。

城外四面有眾軍、粗惡、雜林、喜林四苑。距四苑二十由旬有四妙地，是諸天眾遊戲處。

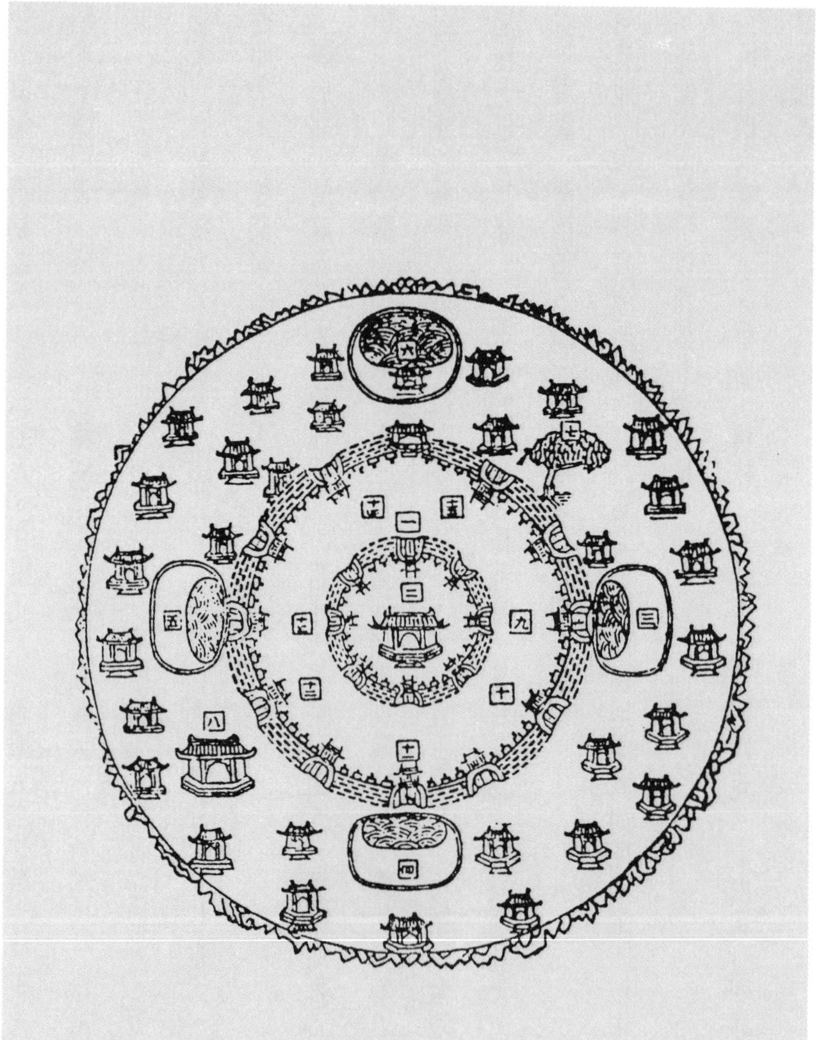

圖1 忉利天

城外東北有圓生樹、枝條傍布，高廣都是百由旬。開花時妙香四溢，順風可達百由旬，逆風可達五十由旬，是天眾受欲樂處。

城外西南角有善法堂，當半月三齋日，三十三天眾集會於此評論如法、不如法之事。此善法堂，縱廣各五百由旬，爲七寶所成，其地爲青琉璃寶，柔軟細滑，觸之如迦旃隣提衣。堂中央有一寶柱，高二十由旬，柱下設帝釋天之座，高一由旬，方半由旬，左右各有十六小天王之座。城側有伊羅鉢那大龍王宮殿。

此天之有情壽量達千歲。其一晝夜相當人間百年。行淫欲時雖交行如人間，唯泄完風氣後熱惱便除。身量一由旬，天衣長二由旬寬一由旬。初生時如同人間六歲兒（或言如三歲兒），色身圓滿，自有衣服。

相傳佛母摩耶夫人命終後生於此天，佛曾上昇忉利天爲母說法三個月。

帝釋天

帝釋天（梵名Śakra-devānām-indra）此天的別名甚多，自古便相傳因陀羅有種種別名，甚至有言百八名，或者千名之説。如《雜阿含經》卷四十、《別譯雜阿含經》卷二列舉有釋提桓因、富蘭陀羅（Puraindara）、摩伽婆（Maghavār）、婆娑婆（Vasavāna）、憍尸迦（Kauśika）、舍脂鉢低（Śacipati）、千眼（Sahasrākga）、因提利等八種。《大般涅槃經》卷三十三也提到：「云何一義説無量名？猶如帝釋，亦名帝釋，亦名憍尸迦，亦名婆蹉婆，亦名富蘭陀羅，亦名摩佉婆，亦名因陀羅，亦名千眼，亦名舍脂夫，亦名金剛，亦名寶頂，亦名寶幢。」

漢譯另有天帝釋、因陀羅（Indra）、釋迦因陀羅等名。其中因陀羅一名又譯作因達羅、因提等，意爲「最勝」或「無上」，因此漢譯爲「主」或「帝」，所以其也稱作帝釋、天帝釋、釋迦天王等。至於之所以亦名釋提桓因，在《大智度論》卷五十四説：「釋迦秦言能，提婆秦言天，因提秦言主。合而言之釋提婆那氏。」亦即「釋」乃「釋迦（śakya）」之略，「提桓」（桓與洹音通）乃「提婆（deva）」之略，「因」乃「因提（indra）」之略；又因其因地時姓憍尸迦，故亦稱之爲憍尸迦。

圖2　帝釋天

此天為忉利天（即三十三天）的主，是佛教的重要護法神之一，也是四天王天及地居的天、龍、夜叉們的統攝者，密教則列為十二天之一。另據《雜阿含經》卷四十所稱，因陀羅具有聰明智慧，於一坐間能觀千種之義，故又稱千眼。而其形像也常呈天人形，坐巨象上，以千眼莊嚴其身。

依據《大智度論》卷五十六等經論記載，往昔帝釋天原是摩伽陀國的婆羅門，姓憍尸迦，名摩伽，生性樂善好施，對於出家人及貧窮困苦的人，他都能隨緣樂助。由於生前具有極大的福德，所以死後成為忉利天主。其有一寶瓶名帝釋瓶，又稱作賢瓶、德瓶、天瓶或吉祥瓶。此瓶可隨心所欲，變現各種東西。

忉利天有三十三天宮，所以又名為三十三天，帝釋天住在中央的善見城（又名喜見城）統領一切，周圍環繞著三十二天宮，分別由三十二位輔臣鎮守。這三十二位輔臣，原本是帝釋天的至友。由於他們在人間曾共修福德，所以逝世後一齊成為忉利天其他三十二天的天主。

至帝釋天的眷屬除有四大天王等地居天、龍夜叉眾眷屬外，在《長阿含經》《世記經忉利天品》中並說：「釋提桓因左右常有十大天子隨從侍衛，何等為十

圖 3 帝釋天與帝釋天女（胎藏界）

？一者名因陀羅，二者名瞿夷，三名毗樓，四名毗樓婆提，五名陀羅，六名婆羅，七名耆婆，八名靈醯嵬，九名物羅，十名難頭。釋提桓因有大神力，威德如是。」

忉利天位須彌山（Sumeru）上，是個極可享受欲樂的地方。據《大毗婆沙論》卷一三四記載，帝釋天所居的善見城，城外的四面各有一苑，形皆正方，在各苑的中央都有一如意池，池中八功德水盈滿，爲帝釋諸天遊戲之處。這帝釋四苑指的是：

⑴眾車苑：帝釋諸天若欲遊玩時，隨其福德之力，於此苑中自現種種寶車。

⑵粗惡苑：帝釋諸天若欲戰鬥時，隨其所需之甲杖等器，於此苑中自然出現。

⑶雜林苑：帝釋諸天若遊此苑，則於諸種眾妙之境，所玩皆同，俱生勝喜。

⑷喜林苑：帝釋諸天若遊此苑，則極妙之境種種皆集，歷觀遍覽而喜樂無窮，不生厭離。

而天帝釋所居止的普勝殿更是殊勝中的殊勝。

⊙天與阿修羅的爭戰

忉利天的自然環境華麗之極，享受與娛樂，幾可謂該處天眾的常務。比較不如意的事，除了壽命將盡，五衰相現之外，就是與阿修羅眾之間的戰爭。相傳忉利天眾與居住在須彌山北大海底的阿修羅眾是世仇，常互相爭戰，互有輸贏，在《雜阿含經》卷三十五中就提到：「過去世時，天、阿須輪共鬥。時，天帝釋告諸天眾：『汝等與阿須輪共鬥戰之時，生恐怖者，當念我幢，名摧伏幢。念彼幢時，恐怖得除。』」這就是「帝釋幢」的由來。帝釋天與阿修羅的戰爭，更是佛教故事中常見的題材。

相傳，有一次帝釋天王與阿修羅戰爭，帝釋天落敗，便向佛陀的祈求加持，於是世尊從頂髻上現起千臂千眼的大白傘蓋佛母，將阿修羅眾嚇得潰逃而去，才結束了這場戰爭。

在《長阿含經》卷二十一〈世紀經戰鬥品〉中也有一則天帝釋與阿修羅眾爭戰的故事，據載，佛陀往昔曾爲帝釋天王，有一次諸天與阿修羅共鬥，阿修羅獲勝，釋提桓因就害怕地乘著千輻寶車逃走，在奔逃途中，帝釋看到前方婆羅樹上有一個鳥巢，巢中有二鳥幼子，就對駕車的天眾說：「這樹上有二鳥，你應當迴車避開；即使賊人害我，也勿傷了此二幼鳥之命。」御者聽了就住車迴避樹鳥，正巧車頭因此而轉向了阿修羅眾的方向，阿修羅眾一見到寶車迴轉方向，以為天眾有了援助，要回頭來攻打他們，不敢戀戰，就迅速退走了，於是諸天就反敗為勝，獲得了勝利。

⊙帝釋從野干受法

在《出未曾有經》中，也有帝釋從野干受法的故事，據載，曾有一隻野干（像狐狸的動物），墜入井中，臨死前，向十方佛誠懇地說偈懺悔。當帝釋天聽到之後，感動至極，立刻與八萬諸天從忉利天下降，飛到井側供養野干，並與諸天脫天寶衣積為高座，恭請野干昇座說法。這一則故事，可以說明帝釋天被認為是佛教之重要護法神的緣由。

⊙帝釋度化慳貪之人的因緣

天帝釋也常示現種種因緣來度化有情，在《雜譬喻經》中就有伊利沙四姓慳貪爲天帝所化的故事，經中說，往昔有一富人名伊利沙，雖然富有卻慳惜衣食，他的鄰居很貧窮卻常飲食魚肉，朋友往來絡繹不絕。

伊利沙看了心裡很不舒服，就痛下決心也要好好享受一下，於是殺了隻雞，煮了一升白米，又怕別人分食，於是乘車到一無人處所，正想好好獨自大吃一頓，這時天帝卻化作一隻狗盯視著富人，於是富人對狗說，如果他能倒懸空中、兩眼脫地就施食給他，結果天帝所化的狗一一做到了，富人就嚇得逃跑了，這時天帝又變化成伊利沙的模樣，返回伊利沙的家中。到了晚上，真正伊利沙走入家門口，就被當做冒牌貨轟了出去。

伊利沙有家歸不得，正萬分愁苦快受不了崩潰時，帝釋又化作一個智者來安慰他，並爲他講說四諦法。伊利沙聞法心意開解，自悔前意，便廣作布施，終而得道。

⊙帝釋窟的遺址

在唐．玄奘大師的《大唐西域記》卷九摩羯陁國下記載，在往昔摩羯陀國（約今印度比哈爾邦的巴特那和加雅地方），自迦羅臂怒迦邑，東南方的舍利子門人窣堵波之處，東行三十餘里，有因陁羅勢羅窶訶山（梵名 Indraśailaguhā），此山以山窟前有因陀羅樹而得名，也就是帝釋窟。其山巖谷杳冥，花林蓊鬱，嶺有兩峰險峻，在西峰的南面有一大石室，寬廣而不高，其中有當時天帝釋曾以四十二疑事一一以指畫石問佛的遺跡，爾後佛教徒多以此故事作爲繪畫、雕刻的題材。

帝釋天一向非常護持佛教。他不只常向佛陀請示佛法，而且也經常用種種勝妙物品供養釋尊與僧眾。在經典中也常常可見到帝釋天請佛說法、聞佛說法或護持正法行人的種種故事。如：帝釋天不僅在佛陀誕生時即以勝妙天衣跪接菩薩，又在經中也記載有當佛陀前往菩提樹下，將成道時，帝釋也刈下吉祥草供養釋尊，而釋尊也在菩提樹下以此吉祥草敷成吉祥座，於此金剛寶座上，成證無上正覺。釋尊上昇忉利天爲母說法時，帝釋即執寶蓋爲佛陀的侍從，而佛陀說法竟欲返回人間時，帝釋天等即與天眾化現金、銀、琉璃三道寶階，佛陀即依此返回人間。除此之外，六道眾生中如果有赤誠學佛的，也往往能得到他的隨喜讚歎。

而由以上這些故事，也可以略窺帝釋天對佛法及正法行人的深密護持因緣。

毗沙門天

毗沙門天（梵名 vaiśravana），爲四大天王或十二天之一。梵名音譯又作毗舍羅婆拏、鞞室羅懣囊、薜室囉末拏、吠室囉末拏、吠室囉末那、毗舍羅門或鞞沙門。意譯爲遍聞、普聞、種種聞或不好身；又以福德之名聞於四方，所以也常被稱爲多聞天。此外，俱吠囉（Kubera 或 Kuvera）、鳩鞞羅、拘鞞羅、金毗羅則爲其別名，或稱爲拘毗羅沙門。此上諸名之中，以「毗沙門天」與「多聞天」最常被人所稱名。

此天王爲閻浮提北方的守護神，是一向護持如來道場而多聞佛法的良善天神

圖 4　毗沙門天王與其眷屬

。在大小乘經典中，常可見其護持經典、正法行人及閻浮提的事蹟。如：《增一阿含經》卷二十六中記載，毗沙門天王幫助一位極其貧困的雞頭梵志，準備種種食具供養佛陀及諸聖眾，乃至修得阿羅漢果。

而在《大集經》〈月藏分毗沙門天王品〉中則載有佛陀囑咐拘鞞羅毗沙門天王守護北方世界的眾生：「妙丈夫！此四天下閻浮提界北方第四分，汝庇護持。何以故？此閻浮提諸佛興處，是故汝庇最上護持，過去諸佛已曾教汝護持養育，未來諸佛亦復如是；并及汝子、大臣、眷屬、夜叉、毗舍遮，皆令護持。」

另於《金光明經》卷二中，四大天王則於佛前說：「……世尊！我其四王，二十八部諸神共，及無量百千鬼神，以淨天眼，過於人眼，常觀擁護此閻浮提，世尊！是故我其名護世王。」而在《法華經》〈陀羅尼品〉中也於佛前自說陀羅尼，以神咒擁護說《法華經》的法師及持是經者。由上可見毗沙門天王不論在大、小乘經典中，都是一位重要的護法神。

毗沙門天王住在須彌山第四層的「由犍陀羅」山的北方，他擁有可畏、天敬、眾歸等三城。每城各縱橫六十由旬，且有七重欄楯、羅網、行樹等裝飾，都由

圖 5　毗沙門天王

七寶所形成，莊嚴清淨；眾鳥和鳴，景色殊勝，幾可比美佛國世界。

另於《經律異相》卷一中，則描述有毗沙門天王所居止的四天王天天眾的種種情形：「四王身長皆半由旬。衣長一由旬，廣半由旬，其重二分。天壽五百歲，少出多減，以人間五十歲為天一日一夜，亦三十日為一月，十二月為一歲也。食淨摶食，洗浴衣服為細滑食。男娶女嫁，身行陰陽，一同人間。

以昔三業善，今生為天。自然化現在天膝上，形之大小如人間兩歲。兒生未久便自知飢，七寶妙器盛百味食。若福多者飯色自白，若福中者飯色自青，若福少者飯色自赤。」

此外，毗沙門天王被一般佛教徒視為財神或福神，尤其是西藏密教中，更尊其為財寶天王。在日本，毗沙門天王早期被視為戰神，直至晚近則演變為七福神之一。在印度、西域、中國與日本，此一天王都頗受尊崇，有不少感應事蹟流傳。如：相傳在唐玄宗天寶元年（公元七四二年），西蕃、康居等國來寇擾唐朝的邊境。當時，唐玄宗請不空三藏祈求毗沙門天護持。不空三藏作法之後，果然感得天王神兵在西方邊境的雲霧間，鼓角喧鳴地出現，終使蕃兵潰走。

圖6 藏密財寶天王——毗沙門天

事實上，毗沙門天王悲願廣大，威勢具足，除了賜福予財，隨軍護法外，更能護諸眾生以「利益安樂」、「遠離諸厄難」、「能滿諸勝願」、「獲得大智慧」、「乃至天眼通、壽命俱胝歲」……等，世間乃至出世間的究竟菩提利益。

此一天王有最勝、獨健、那吒、常見、禪祇等五位太子，此外還有二十八使者，爲其天界所屬。另有五大鬼神，一名那闍婁，二名檀陀羅，三名醯摩拔陀，四名提偈羅，五名修逸路摩，常隨侍側。

在每月八日，四天王常勑諸使者：「汝等案行世間觀察人民，孝父母敬沙門及婆羅門長老，受持齋戒布施者不？」

使者奉教，具啟善惡。聞惡不悅，言善則喜。在朝十四日，四王常遣太子案行天下。十五日，四天躬自履歷，然後詣善法殿，具啟帝釋。聞惡則憂，言善則樂，而說偈歎受持齋戒人與我同行。

毗沙門天王的造像，通常都是神王形，披著甲冑、著寶冠相，右手持寶棒，左手仰擎寶塔，腳踏二鬼。所以世俗民間稱他爲「托塔天王」。他和那吒太子的故事，是封神榜等古典小說與戲曲的素材。而在敦煌千佛洞中，也曾有絹本著色的毗沙門圖出土。

⊙兜跋毗沙門

兜跋毗沙門指化身於兜跋國護持佛法的毗沙門天王。

關於「兜跋」一詞，多種不同看法。或有以爲乃唐．天寶年中（公元七四二～七五六）吐番來犯時，唐人曾造立毗沙門天王像退敵。時人訛傳，曾將當時之「吐番」誤稱爲「兜跋」，此後習俗混淆，所以才有「兜跋毗沙門」一詞。

此外，依《大梵如意兜拔藏王經》記載，如意藏王示現無畏觀世音自在菩薩等十種降魔身。其中，第六種即爲毗沙門天，第七則是兜跋藏王。經中又說，此一兜跋藏王威德自在如毗沙門天王，身相面貌是忿怒降魔、安詳圓滿，有無量福智光明。其形像即化身於兜跋國之大王的形像。今所見的形像，爲女形的堅牢地神，二手上仰，承托毗沙門的兩足，旁有邪鬼作畏縮狀。

又《佛像圖彙》卷一則有四面十臂，身帶八刀，乘獅子之像，稱之爲「刀八毗沙門」，或有認爲此或係由「兜跋」訛轉爲「刀八」所致。

圖 7　刀八毗沙門

也有一種看法認爲「兜跋」應傳自西藏。原是指西藏宗教領袖冬季所穿的長外套，略同於「斗篷」一詞。「兜跋毗沙門」即是穿上類似這種外套的戰袍的毗沙門，也就是武裝的毗沙門。民間即用此語以別於一般的護法毗沙門。

廣目天

廣目天（梵名 Virūpākṣa），又名西方天。爲四天王之一，十二天之一及十六善神之一。梵名音譯作毗留博叉、毗留羅叉、毗樓博叉、毗樓婆叉、鼻溜波阿叉、髀路波呵迄叉；意有作醜目、惡眼、雜語主、雜語、非好報之義。乃守護西方的護法善神，常以淨天眼觀察、護持閻浮提眾生。

廣目天所居住之處，在須彌山第四層西方白銀埵的周羅善見城。該城嚴淨瑰麗，景色殊勝，如同其他三天王住處。

此一天王率領無量天龍及富單那、毗舍闍諸神等眷屬，承擔守護佛法的任務。職主司掌處罰惡人，令其受苦並起道心。此天王亦爲諸龍之王，據《佛母大孔

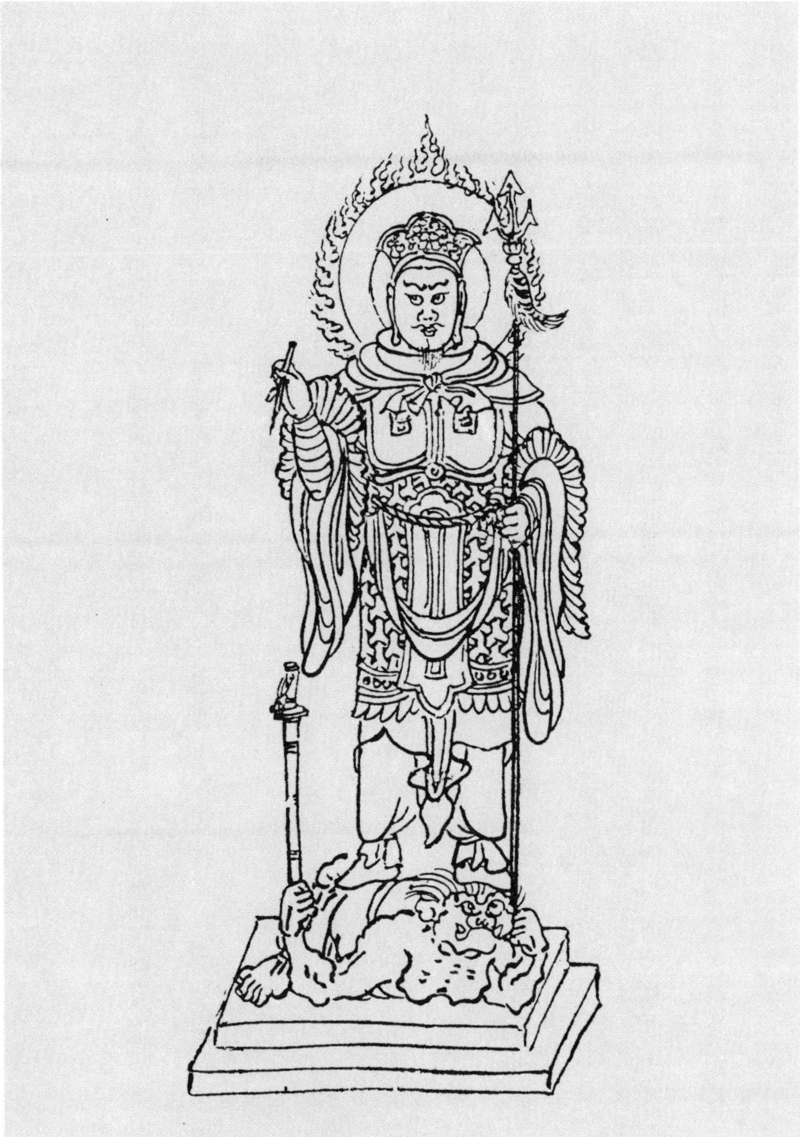

圖 8　廣目天

雀明王經》卷上所說：「此西方有大天王，名日廣目，是大龍王，以無量百千諸龍而爲眷屬，守護西方。」

依《大集經》所記載，佛陀曾付囑廣目天王護持閻浮提洲的西方世界，囑咐彼率領其子及師子、師子髮等八位諸龍軍將、西方十六天神、三曜七宿、諸天龍鬼……等眷屬，共同負起護法重任。

相傳廣目天是大自在天的化身，由於前額有一目，所以稱爲廣目天。不過後世流布的尊形，大都未見該目。其尊形通常作赤色，現忿怒形。甲冑上著天衣，右臂持三股戟，左拳置胯上，面向左方，交腳而坐。又依《陀羅尼集經》卷十一所描述，毗嚕博叉像，身長作一肘，著種種天衣，嚴飾極令精妙，與身相稱，左手伸臂執矟，右手持赤索。

在中國，廣目天王的多種不同造型，如河北居庸關西南壁上所刻者，其右手執蛇，屈左十按於胸前，左腳踏在惡鬼背上；左側立有裸體脇侍，持金剛杵，爲元代中期的作品，構圖頗爲雄勁。

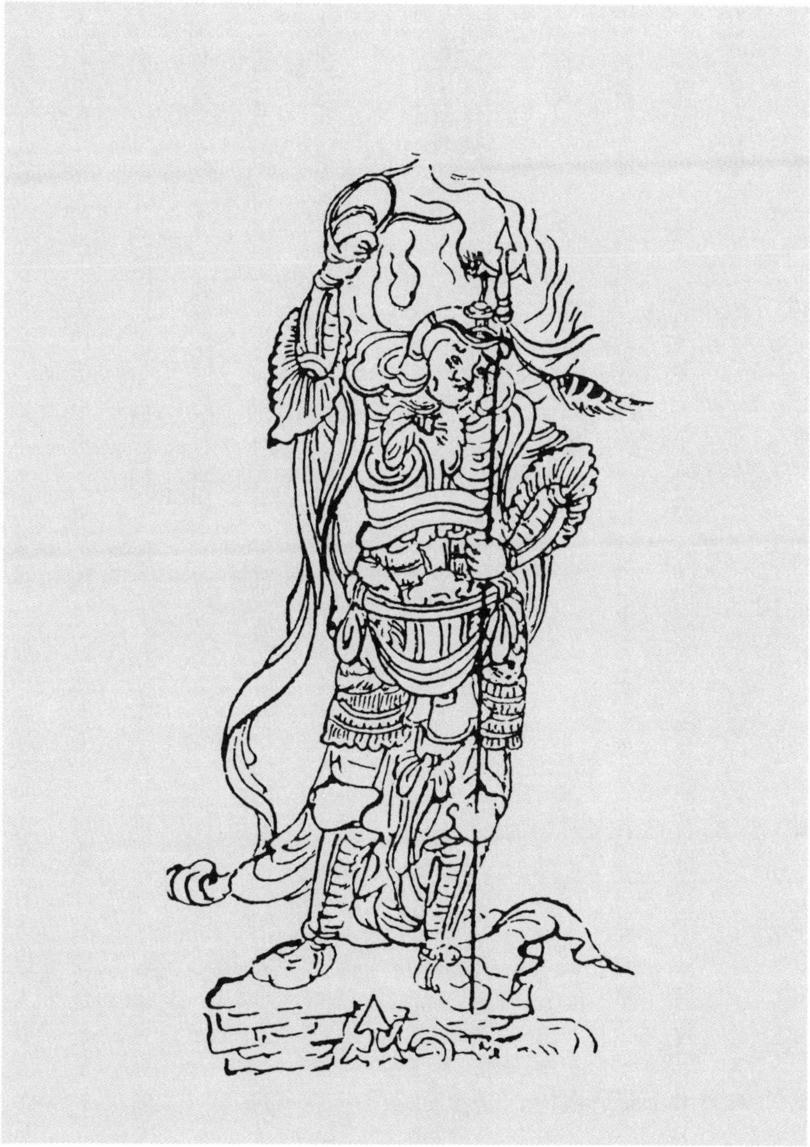

圖 9　廣目天

敦煌千佛洞發現有著色絹本，形像爲身披中國式革製甲冑，以天衣、金具飾體，右手持劍，左手支持劍中央，兩足踏於夜叉之上，眉間洋溢雋銳之氣。在日本方面，廣目天之造像也頗爲盛行，現今大和法隆寺、東大寺、興福寺等諸大寺均藏有優秀之古像，列爲國寶者達四十七件之多。

廣目天與持國、增長天相同，很少單獨受供奉，通常都以四天王之一的身份受人供養崇敬。

持國天

持國天（梵名 Dhṛta-rāṣṭra）四大天王之一，也是十六善神之一。居處在須彌山之黃金埵，爲東方的守護神，也稱爲東方天。梵名音譯爲提頭賴吒、提多羅吒、多羅吒。又稱爲治國天、安民天、順怨天。由於他護持國土、保護眾生，所以又名爲持國天。

持國天的住處，依《起世經》卷六〈四天王品〉記載，是在須彌山東面半腹

圖 10　持國天

的由乾陀山，自山頂去地四萬二千由旬。其所住地叫做賢上城，縱廣正等有六百由旬，有七重欄楯、鈴網、多羅行樹及七寶等瑰麗裝飾，景色殊勝。另於《立世阿毗曇論》卷四〈提頭賴吒城品〉中，也有關於其住處的描寫。

至於有關他的眷屬記載，依《長阿含經》卷十二〈大會經〉：「復有東方提頭賴吒天王領乾沓思神，有大威德。有九十一子盡字因陀羅，皆有大神力。」《大方等大集經》卷五十二〈提頭賴吒天王護持品〉中，佛陀囑咐樂勝提頭賴吒天王言：「妙丈夫！此四天下閻浮提中，東方第四分汝應護持。何以故？此閻浮提諸佛興處，是故汝應最上護持。過去諸佛已曾教汝護持養育，未來諸佛亦復如是。」同品中，樂勝提頭賴吒天王也於佛前應允：「世尊！如是如是，大德婆伽婆！過去諸佛付囑安置護持養育，亦教我等護持東方弗婆提界，如今世尊教我安置一等無異。我當深心頂戴敬受於佛正法，護持閻浮提東方第四分。并我諸宮眷屬大小亦令護持，於三惡趣皆令休息，於三善道皆悉熾然。」

關於持國天王的尊形，依據《陀羅尼集經》的描繪，持國天的形像是：身著天衣，嚴飾精妙，與身相稱。左手臂垂下握刀，右手臂屈而前向仰掌，掌中有寶

圖 11　持國天

物放光。《藥師琉璃光王七佛本願功德經》念誦儀軌供養法記載：東方持國大天王，其身白色，持琵琶，守護八佛的東方門。然一般多爲赤色忿怒形。

增長天

增長天（梵名 Virudhaka），梵音又譯作毗留多天、毗流離天、鼻溜荼迦天、毗樓勒天、毗樓勒迦天、毗樓勒叉天等。意譯爲增長天。此乃由於他能令一切眾生善根增長，所以稱之爲增長天。屬四大天王之一，同時也是十二天及十六善神之一。

此天住於須彌山南面半腹的琉璃埵。常時觀察閻浮提眾生，率領鳩槃荼及薜荔神等諸神，守護南方，爲護法善神，又稱爲南方天。

在《大集經》卷五十二〈毗樓勒叉天王品〉記載，佛陀曾咐囑增長天王：「此閻浮提，諸佛興處，是故汝應最上護持。過去諸佛已曾教汝護持養育，未來諸佛亦復如是。並及汝子、一切眷屬、大臣軍將夜叉羅剎，皆令護持……。汝亦應

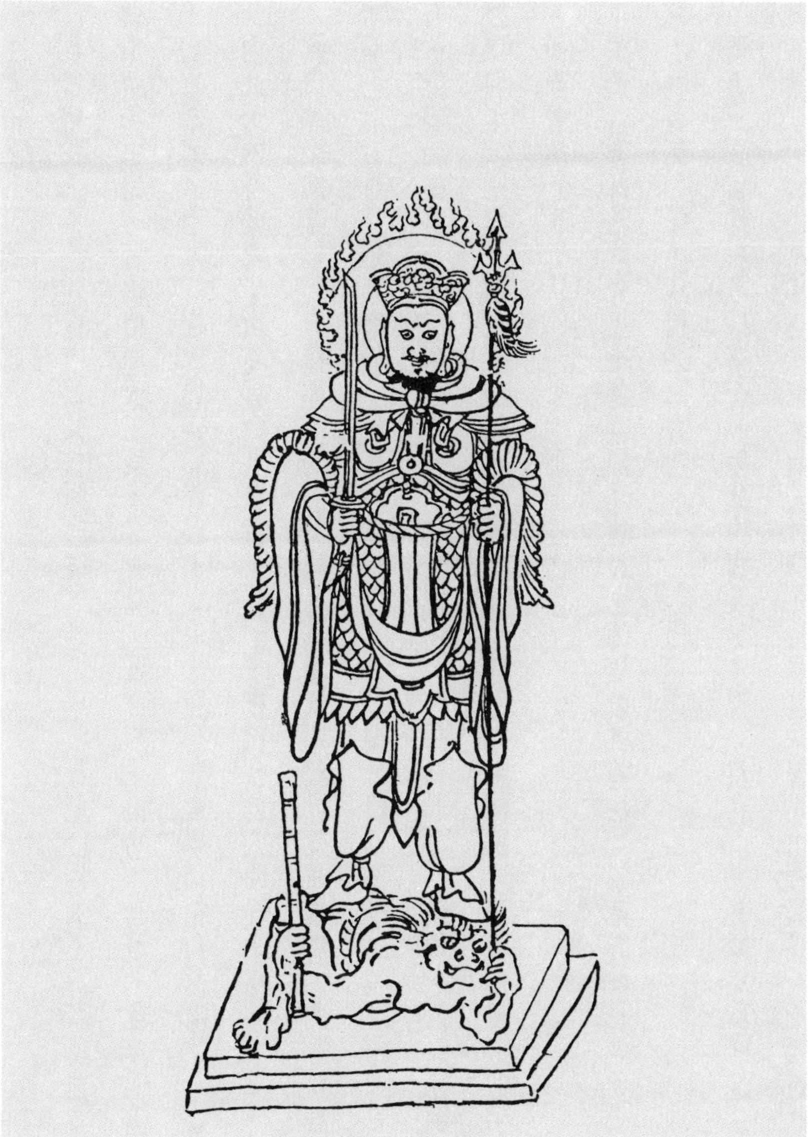

圖 12 增長天

令得生敬信，共護閻浮提南方。」

至於增長天王的住處，依《長阿含經》卷二十〈世紀經四天王品〉所述：「須彌山南千由旬，有毗樓勒天王城，名善見，縱廣六千由旬。其城七重，七重欄楯，七重羅網，七重行樹，周匝校飾以七寶成，乃至無數眾鳥相和而鳴。」

而此天的身量為半由旬壽命五百壽，其一晝夜相當於人間五十年。

關於此天的尊形，有種種不同的記載，在現圖胎藏界曼荼羅中，此尊位於外金剛部院南。通身是赤肉色，被著甲冑，肩上著緋端，瞋目怒視，左手作拳安腰，右手把劍於胸前。其左側有使者，呈黑肉色，大忿怒形，手執劍。依《陀羅尼集經》卷十一所說，則身著種種天衣，嚴飾精妙，左手伸臂，垂下把刀，右手執矟。矟根著地。表折伏邪惡，增天善根之意。

另於《藥師琉璃光王七佛本願功德經念誦儀軌供養法》說南方增長大天王身青色，執寶劍，守護八佛之南方門。

四天王之信仰自古即盛行，因此中國及日本現今留存下來有關此尊的遺品頗多。如浙江天台山萬年寺門東北隅安此尊，持琵琶；普陀山普濟寺天王殿的此尊

圖 13　增長天

尊形是持蛇、雨寺天王殿之像則持傘。河北省昌平居庸關所存之像，據稱是元代中期的作品、兩手按劍，曲右足，令善鬼捧之，右足伸而踏鬼，其風格具有藏族佛教的色彩。另如日本奈良東大寺其也保存了頗多此尊的造像。

⊙增長天的部眾——鳩槃荼

鳩槃荼（梵名Kumāṇḍa），爲四天王所領八部眾之一，屬南方增長天二部鬼類之一。或音譯作吉槃荼、拘辨荼、弓槃荼、究槃荼、恭槃荼、鳩滿拏等。由於該詞被認爲是「冬瓜」的梵名鳩摩拏（Kuṣmāṇḍa）的轉訛語，因此此鬼也被稱爲「冬瓜鬼」。此外，又被稱作厭眉鬼、厭魅鬼或甕形、瓶腹等名稱。另依《慧苑音義》卷上說，「鳩槃陀」是陰囊，以此鬼眾之陰囊狀如冬瓜，行時擊置肩上，坐時便據之，由斯弊狀，特異諸類，故從之爲名。

在《圓覺經》中以爲大力鬼王，而《圓覺經略疏》卷下之二則說其：「食人精血，其疾如風，變化稍多，住於林野，管諸鬼眾，故號爲王。」

鳩槃荼常可見於諸佛典中，與其他天龍八部、鬼神眾等一起參與法會，聞佛

圖 14 鳩槃荼

說法，聞法後並能隨順佛教歡喜奉行，甚至發大心，志願守護經教及一切正法行人。如據《圓覺經》所載：「爾時，有大力鬼王，名吉槃荼，與十萬鬼王，即從座起，頂禮佛足，右遶三匝而白佛言：『世尊！我亦守護是持經人，朝夕侍衞，令不退屈。其人所居一由旬內，若有鬼神侵其境界，我當使其碎如微塵。』由此可見其對佛法的護持於斑。

除了護持《圓覺經》，鳩槃荼同時也是觀音二十八部眾之一，擁護觀音法門修持者。其身呈黑色、長鼻、現瞋怒形，左手執持戰具，右手執索。

而在密教胎藏曼荼羅中，於外金剛部院南方列有二尊鳩槃荼，皆作馬頭人身，一者擊鼓，一者持鈸擊之。

⊙佛典中的鳩槃荼諸尊

《華嚴經》中的鳩槃荼王

在新譯《華嚴經》中，有無量無數鳩槃荼眾前來共集，參與殊勝的華嚴海會，經中舉出了十鳩槃荼王為上首，各得不思議解脫門，並以增長鳩槃荼王為代表，承佛威神，以偈頌讚歎佛陀。

這十位鳩槃荼王及所得解脫門分別爲：增長鳩槃荼王，得滅一切怨害力解脫門；龍主鳩槃荼王，得修習無邊行門海解脫門；莊嚴幢鳩槃荼王，得知一切眾生心所樂解脫門；饒益行鳩槃荼王，得普成就清淨大光明所作業解脫門；可怖畏鳩槃荼王，得開示一切眾生安隱無畏道解脫門；妙莊嚴鳩槃荼王，得消竭一切眾生愛欲海解脫門；高峰慧鳩槃荼王，得普現諸趣光明雲解脫門；勇健臂鳩槃荼王，得普放光明滅如山重障解脫門；無邊淨華眼鳩槃荼王，得開示不退轉大悲藏解脫門；廣大面鳩槃荼王，得普現諸趣流轉身解脫門。

《大方等大集經》中的鳩槃荼眾

據《大方等大集經》卷五十二〈毗樓勒叉天王品〉所載，鳩槃荼爲南方增長天眷屬之一，經中舉有鳩槃荼大臣：「初名跋那拘、次名阿吒薄拘、次名婆吒迦、次名藪支盧摩、次名阿斯目佉、次名跌荼尸帝、次名摩兜羅、次名跌荼泥彌、次名帝利揵吒迦、次名旃檀那、次名伽羅竭陀、次名藪目佉、次名陀提目佉。」計十三尊，皆有多兵眾及大勢力。

又有列鳩槃荼大力軍將兄弟九人：「一名檀提、二名憂波檀提、三名葛迦賒、四名鉢濕、五名摩訶鉢濕婆、六名大肚、七名象手、八名十手、九名火手。」

又說：「復有鳩槃荼兄弟三人：一名地行、二名山行、三名左行。復有鳩槃荼兄弟三人：一名黑色、二名朱目、三名雲色。復有鳩槃荼兄弟四人：一名無垢、二名無瘡疣、三名雲天、四名大力。復有鳩槃荼二十六人：初名長耳、次名長乳、次名獨象、次名編髮、次名十杵、次名十目、次名孤樹、次名樂欲、次名大欲、次名木師、次名愛子、次名三鳩槃荼子、次名一切巷、次名雜色、次名綵眼、次名滿瓶、次名瓶眼、次名無病、次名芻叉、次名黃髮、次名多茶叉、次名叉叉、次名縷綖、次名噉蠅、次名馬水、次名噉髓。

經中這些鳩槃荼眾與火花毗樓勒叉天王，及諸眷屬受佛咐囑，共同守護閻浮提南方第四分。

大自在天

大自在天（梵名Maheśvara），又稱爲伊舍那天，爲印度教濕婆神（Śiva）的異名。音譯摩醯首羅、摩醯伊濕伐羅。又稱商羯羅（Śaṅkara）、嚕捺羅（Rudra）、伊賒那（Iśāna）、獸主（Paśupati）、摩訶提婆（Mahādeva）等，也有稱之爲威靈帝。《一切經音義》卷二十一云：「摩醯首羅正云摩醯溼伐羅，言摩醯者，此云大也，溼伐羅者，自在也，謂此大王於大千界中得自在故。」所以名之爲大自在天。在密教則視同伊舍那天。伊賒那，又作伊舍那天、伊沙天或伊奢那天，義爲司配者，所以又譯爲自在或眾生主。

在印度的文化傳統中，此神原與毗溼奴同居梵天之下，後來成爲三者同位。而在印度教中，大自在天被視爲是宇宙世界的創造者，且司暴風雷電。

依《外道小乘涅槃論》所述，摩醯首羅一體三分，即梵天、那羅延、摩醯首羅。三界中的一切有情、非有情，都是摩醯首羅天生。摩醯首羅以虛空爲頭，以

圖 15　大自在天與大自在天妃（胎藏界）

地爲身，水是尿，山是糞，一切眾生是腹中蟲，風是命，火是體溫，罪福是業。其身包括一切，一切生滅涅槃皆從摩醯首羅天生。

在印度，禮拜此天之一派，被稱爲摩醯首羅論師。濕婆神皈入佛教後，成爲居住在色究竟天（Akaniṣṭha，阿迦膩吒天）的聖者，在大乘佛教中，更被視爲是位居法雲地的聖者。據《入大乘論》卷下所述，毗遮舍摩醯首羅和伊舍那摩醯首羅是第六天王。然而一般說法則認爲，摩醯首羅是以色界四禪天之頂上（即色究竟天）爲住處，稱作天主、大千界主或娑婆主。

另有人將自在天與大自在天視爲同體，但自在天是欲界天，與色界中最上層次的大自在天應有所區別。

在密教中，大自在天則被視爲是十二天之一，守護東北方。《供養十二大威德天報恩品》中云：「伊舍那天喜時，諸天亦喜，魔眾不亂也。舊名摩醯首羅也。佛言，若供養摩醯首羅已，爲供養一切諸天。此天瞋時，魔眾皆現，國土慌亂。」

此天位於胎藏界曼荼羅外金剛部的東北，伊舍那妃、常醉天、喜面天、器手天、器手天后、大黑天、毗那夜迦等皆爲其眷屬。其妃稱爲烏摩（Umá）。

關於其尊形，依《十二天供儀軌》描述爲身呈淺青肉色，乘黃豐牛，左手持盛血劫波杯，右手持三戟槍，三目忿怒，二牙上出，以髑髏爲瓔珞，頭冠中有二仰月，二天女持花。

《大智度論》卷二則說其：「八臂三眼，騎白牛。」佛教界自古以來皆用「伊字三點」（伊字有∴或品等多種寫法，以之比擬摩醯首羅的三目）、「天主三目」之語來比喻鼎立之三位。《秘藏記》謂其像是紫色，持鉾，乘黑水牛。

⊙大自在天與降三世明王的因緣

相傳，由於大自在天神剛強冥頑，因此降三世明王，乃現大忿怒身來降伏教化。當時天界各尊大多能夠奉其教勅，可是大自在天自以爲是三界之主，故與烏摩天妃都不肯降伏，所以降三世明王才現出大忿怒相來懾伏他們。也因此之故，有些書上才說「降三世」的意思，指的是降伏三界之主——大自在天。也因此我

圖 16　降三世明王足踏大自在天與烏摩妃

們常見的降三世明王像，多是左足踏大自在天身、右足踏著烏摩妃。

⊙大自在宮

在《佛說大自在天子因地經》中記載，目連尊者曾至大自在宮受大自在天及其妃供養，爾後因不解大自在天說「極久遠時佛乃方出」一語，而請問世尊，由此佛陀宣說大自在天子因地的因緣。

據經中記載，「當時目連現神變，往崑崙山，山峰如雪。其山頂內以金銀瑠璃、真珠碼瑙、珊瑚摩尼種種諸寶莊嚴其地。有諸宮殿，一切珍寶殊妙莊嚴。於其中間有大自在宮，廣二由旬、高五由旬，光明照曜。有六十大神恒常守護，百千天女圍繞四邊，作七種妓樂。於宮四方而有七殿，廣一俱盧舍，各以七寶而用嚴飾。復於四邊，各有浴池甘露之水，清淨瀰滿。於其池中生白蓮華、俱母捺花如天白月，金銀摩尼莊嚴其上。彼大自在天子與烏摩天后，於師子座上同座而坐，彼諸天眾恒來圍繞恭敬供養。」由此可見大自在宮的種種勝妙莊嚴。

⊙大自在天的本生因緣

在《佛說大自在天子因地經》中，佛陀並宣說大自在天的本生因緣，據經中記載，大自在天往昔於功德海佛出世時，爲一寂靜婆羅門之子名商迦，與其兄弟魯支二人相偕，入山修道，後商迦於佛前然燈三盞、施三條針，志心供養佛陀，而發願言：「獻此三燈、三針，願具三眼、得三股叉。於生生中，恒行施願，爲世間主宰，得八自在，成就欲樂，心識聰利。」

後果如其所願以「施三燈，感面生三目；施於三針，感得三股叉。若旋繞世尊，得世間愛敬、八種自在，爲其主宰，能生滅世間。」

同經中並記載：彼大自在天所生此身甚爲希有，彼從梵天下降人間。時寒林中有餓女鬼，名曰幻化。彼與鬼交，鬼即有娠。彼即託生在鬼腹內，後乃生身，面有三目，身有光明。其母見已，怕怖而走，以彼福故，光照寒林一切鬼眾。是時，鬼眾見光如日，心生疑懼，而即問曰：「汝是何人？」彼即答云：「我是大自在天，名曰自生。」鬼眾聞已，恭敬禮拜。而乃讚言：「勝力精進，色相殊妙。」復有天人及彼梵天，俱來瞻仰。天人之眾見梵天具五頭，內一醜惡。眾懷驚恐，心生熱惱。告大自在天：「可否爲我截去彼頭？」大自在天告天眾曰：「若截彼頭，令我獲得殺梵天罪。」天眾復言：「如有過罪，我等分受。」時大自在天許之言得。尋即自變爲大鷹身，以其手爪摘去一頭。是故大自在天，於其手中持梵天頭。

有些大自在天的造像爲一手捉梵天頭，即是此因緣。

他化自在天

他化自在天（梵名 Para-nirmita-vaśa-vartin），梵名音譯爲波羅尼蜜和耶越（拔）致、波羅維摩婆奢、婆舍跋提、波羅尼蜜，意譯爲他化樂天、他化自轉天；簡稱自在天、他化天或第六天。爲欲界最高處的第六天。因爲此天有情能於他所變化的欲境自在受樂，而名之。如《俱舍論》卷十一所述：「有諸有情樂受他化諸妙欲境，彼於他化妙欲境中自在而轉，謂第六他化自在天。」

圖 17　他化自在天及天女（胎藏界）

密教中，此天位於胎藏現圖曼荼羅外金剛部院的北方，共有三位。居中者，右手豎掌持箭，左拳豎立，持弓；居兩側者，皆手持合蓮。

此天界位於距大海百二十八萬由旬虛空密雲之上，縱廣與忉利天相同，皆爲八萬由旬。此天有嬈害正法的天魔，及其宮殿，如《大智度論》卷十云：「魔王常來嬈佛，又是一切欲界中主，夜魔天、兜率陀天、化樂天皆屬魔王……魔是他化自在天。」

他化自在天的天主，即天魔波旬，不喜眾生出離三界，脫出其掌控，因此常對佛陀及修道者擾亂。佛陀在菩提樹下時，波旬即化現各種幻境要加以破壞。

此天天眾初生時，即如人間十歲的孩童（一說七歲），自知宿命，色貌圓滿，衣服自備，壽量爲一萬六千歲（亦有中夭者）；身高十六由旬，衣長三十二由旬，廣十六由旬，重僅半銖，食用隨念自然化現，男女互視即成淫，意欲求子時，應念即化生。化化自在天優於閻浮提者有三點，即：長壽、端正、多樂。

在新譯《華嚴經》卷一〈世主妙嚴品〉中，列舉了得自在天王、妙目主天王、妙冠幢天王、勇猛慧天王、妙音句天王、妙光幢天王、寂靜境界門天王、妙輪莊嚴幢天王、華蘂慧自在天王、因陀羅力妙莊嚴光明天王等他化自在天王名稱。並說他們皆勤修習自在方便廣大法門。

那羅延天

那羅延天（梵名 Nārāyaṇa），又音譯作那羅延那天或那羅野拏天。也有稱作堅固力士、那羅天、那羅延金剛、那羅延力執金剛、鉤鎖力士、金剛力士、人中力士，或單稱力士。原為具有大力的印度古代神祇。

在印度古代吠陀論師認為，那羅延天是梵天之母，而一切人皆從梵天所生。又外道說那羅延天即是大梵王，一切人皆由梵王所生，所以意譯又稱作人生本。摩醯首論師則以那羅延為大自在天一體三分（即梵天、那羅延、摩醯首羅）之一，並配以三寶及三身；以那羅延為三身中之報身，亦表三寶中之法寶。

《慧琳音義》卷六中說：「那羅延，梵語欲界中天名也，一名毗紐天，欲求多力者承事供養，若精誠祈禱多獲神力也。」《住心品疏》卷五也認為是毗紐天

圖 18　那羅延天

台北郵政第26～341號信箱

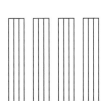

全佛文化事業有限公司 收

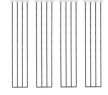

廣告回信
台灣北區郵政管理局登記證
北台字第8490號

□□□□□
（請填寫郵遞區號）

姓名：
地址：

讀者服務卡

謝謝您購買此書，如您對本書有任何建議或希望收到最新書訊、法訊與相關活動訊息，請郵寄或傳真寄回本單。（免貼郵票）

姓名：____________________ 性別：□男 □女

電話：____________________ 手機：____________________

出生日期：______年______月______日 婚姻狀況：□已婚 □未婚

住址：____

E-mail: ____

法門傾向：□顯宗 □密宗 □禪宗 □淨土 □其他____________

學歷：□學生 □自由業 □服務業 □大眾傳播 □金融商業 □資訊業

□生產製造 □出版文教 □軍警公教 □其他____________

■您所購買的書名：______________________________

■您如何購得此書？

□書店________縣(市)__________書店

□網路平台(書店)______________ □其他____________

■您對本書的評價（請填代號1.非常滿意 2.滿意 3.尚可 4.待改進）

□定價 □內容 □封面設計 □版面編排 □印刷 □整體評價

■對我們的建議：______________________________

____

____

全佛文化事業有限公司
TEL:886-2-25081731 FAX:886-2-2508-1733
http://www.buddhall.com.tw

的別名。《大日經疏》卷十亦以此天爲毗紐天之別名，認爲他是佛的化身，乘騎迦樓羅鳥，行於空中。但在《中論疏》卷一（末）則認爲其爲鳩摩羅伽天的別名。而《玄應音義》卷二十四以之爲梵王。

關於其形像，在《慧琳音義》卷四十一中說：「此天多力，身綠金色，八臂，（乘）金翅鳥王，手持鬥輪及種種器仗，每與阿修羅王戰爭也。」

在密教，此天位於胎藏界曼荼羅外金剛部院西方。身色青黑，左拳叉腰，右手上屈，食指豎舒承輪臍，乘迦樓羅鳥，有三面，正面是菩薩形，有三目；右面是白象；左面作黑豬，著寶冠瓔珞。

另於《別尊雜記》卷五十二、《尊容鈔》、《覺禪鈔》〈那羅延天〉、《圖像抄》卷九等，皆有記載，但尊形略有不同。

此外，在《大集經》卷十一、《最勝王經》卷四、《雜寶藏經》卷一、《瑜伽師地論》卷三十七、《順正理論》卷七十五等，均稱佛、菩薩的堅固和大力爲那羅延身、那羅延力。如在《無量壽經》卷上，阿彌陀如來四十八願中的第二十六願：「設我得佛，國中菩薩不得金剛那羅延身者，不取正覺。」即是那羅延身願。

由於那羅延天具有大力，後世乃將之與密跡金剛共稱爲二王尊，以之爲伽藍的守護神。

梵天

梵天（梵、巴 Brahmā），梵名音譯爲婆羅賀摩、沒羅含摩、梵摩。意譯作清淨、離欲。原係古印度將萬有的根源「梵」神格化所產生的神祇；爲婆羅門教的最高神，也是印度教三大神祇（即梵天、濕婆、毗濕奴）之一，被視爲宇宙的創造者。

相傳此梵天自金胎（梵卵）而生，有四頭、四臂。四頭象徵四部吠陀、四種姓；四臂分別持吠陀經典、匙子、念珠、水瓶。

在佛教中，則總稱色界的初禪天爲梵天，包括「大梵天」（Mahā-brahmā-deva），即初禪天之主；「梵輔天」（Brahmapurohita-deva），即輔佐大梵天的輔弼臣：「梵眾天」（Brahmakāyika-deva），即一般的梵天，指大梵天所統御的天眾。

色界諸天的生活，與欲界有顯著的不同，他們沒有淫欲與食欲，但具有淨妙形質，安住禪定境界中。因此，在印度古來即將離欲、清淨之行稱爲梵行。通常稱爲「梵天」者，多指大梵天王。

⊙大梵天

大梵天（梵名Mahā-brahman），漢譯又稱爲大梵天王、大梵天、梵天、梵王等。有時又名娑婆世界主、尸棄（Sikhī）、世主天或梵童子（Brahmā sanaṃkumāra）、梵摩三鉢等。是色界初禪天之主，與其侍衛梵輔天、部屬梵眾天，合稱爲色界初禪三天。

《順正理論》卷二十一釋其名爲：「廣善所生，故名爲梵。此梵即大，故名大梵。由彼獲得中間定故、最初生故、最後歿故、威德等勝故，名爲大。」大梵天以自主獨存，認爲自己是眾生之父，乃自然而有，無人能造之，後世一切眾生皆由其化生；他並自認爲已盡知諸典義理，統領大千世界，以最富貴尊豪自居。

《大智度論》卷八則記載，韋紐（Viṣṇu）之臍中生出千葉金色妙寶蓮華，華中有人結跏趺坐，名梵天王，此梵天王心生八子，八子生天地人民。

又，在《長阿含經》卷二十二〈世本緣品〉中說：「此世天地還欲成時，有餘眾生福盡、行盡、命盡，於光音天命終生空梵處，（中略）時先生梵天自念言：『我是梵王大梵天王，無造我者，我自然有，無所承受，於千世界最得自在，善諸義趣，富有豐饒，能造化萬物，我即是一切眾生父母。』其後來諸梵復自念言：『彼先梵天即是梵王大梵天王，彼自然有，無造彼者，於千世界最尊第一，無所承受，善諸義趣，富有豐饒，能造萬物，是眾生父母，我從彼有。』彼梵天王顏貌容狀常如童子，是故梵王名曰童子。」

在佛教裏，則視此天爲佛教的護法神。依《大集經》所載，過去世諸佛，曾經將守護四天下的使命，付囑大梵天與帝釋天。另依《大悲經》所述，在佛陀即將入涅槃時，曾經摧破大梵天的邪見，使他成爲佛弟子，且將三千大千世界守護佛法的重任付囑於彼。因此，在佛教典籍裏，大自在天與帝釋天，是護持佛法與

圖 19　大梵天王

鎮國利民的兩位重要天神。

在阿含及諸大乘經中，也常見有此王深信佛法、助佛教化等事蹟，每值佛出世，大梵天王必先來請轉法輪，並常率諸眷屬於會座參法聽受，時以法義與佛問答；後與帝釋天同受佛之付囑，護持國土，而爲顯密二教所共尊崇。

在《增一阿含經》卷十〈勸請品〉中，便記載了大梵天王勸請佛陀說法的故事：當佛在摩竭國菩提樹下得道未久，便生是念：「我今甚深之法難曉難了，難可覺知，不可思惟，休息微妙，智者所覺知，能分別義理，習之不厭即得歡喜。設吾與人說妙法者、人不信受，亦不奉行者，唐有其勞則有所損。我今宜可默然，何須說法！」這時梵天在梵天上，遙知如來所念，便來至世尊的面前，頭面禮足，勸請佛陀說法。佛陀應允後，梵天知道佛陀必爲眾生說深妙法，便歡喜踴躍不能自勝，頭面禮足已，即還天上。

又依《大唐西域記》卷四所載，佛昇忉利天爲母說法三月，在返回人間時，大梵王手執白拂隨侍在佛右側。

密教以梵天爲十二天之一，或列屬千手觀音的二十八部眾之一。在金胎兩部曼荼羅中，皆位列於金剛部中。其中，在現圖胎藏曼荼羅中，梵天位列外金剛部院東門的南方，身呈白肉色，有四面四臂，右一手作施無畏印，另一手持杵，左一手把蓮華，另一手持瓶，額上有眼，坐赤蓮華上。然此形象和《大日經疏》卷五所載有異。而在金剛界曼荼羅中，則身呈白肉色，左手作拳安腰，右手當腰持蓮華。

關於此圖像，有諸多造形。比較常見的是四面四臂形，各面又有三目，右邊二手臂，各持蓮華與數珠，左邊二手臂，則一手執軍持、一手作唵字印。此外，也傳有一面雙臂、手持蓮華、遍身放光之說；也有三面二臂、坐在鵝上的圖像。各地所傳的尊形，各有不同。

依《大毗婆沙論》卷九十八、《雜阿毗曇心論》所載，大梵天的身量是一由延半，壽量一劫半。《立世阿毗曇論》卷七則說其壽量爲六十劫。

⊙梵輔天

梵輔天（梵名 Brahma-purohita），又作梵富樓天。即色界初禪之第二天，爲大梵天之輔相。舊名梵先行天；又稱梵前益天，以在梵天前恆思梵天利益，而得名。梵輔天之天眾皆爲大梵天王的輔弼臣。而天王行幸時，必爲列行侍衞。

◉梵眾天

梵眾天（梵名 Brahma-pāriṣadya-deva），音譯梵波梨沙天，又稱作梵身天。爲色界初禪天之第一天。以其乃大梵所有、所化、所領之天眾所住，所以稱爲梵眾天。

此天的天眾身長半由旬，壽命半劫。

另外，梵身天，除指梵眾天外，於《長阿含經》卷二十也將梵迦夷天（梵 Brahman-kāyika-deva）譯作梵身天，作爲色界初禪天之總稱。

◉梵天妃

梵天妃（梵名 Brahmī），音譯作沒羅歌弭、末羅呬弭、末羅弭。也有稱爲梵天女係梵天之妃。也有將之列爲七母天之一。又稱作梵天妃、梵天后。《大日

圖 20　梵天妃

經》、《大日經疏》則多稱爲大梵明妃。於胎藏曼荼羅位列外金剛院。阿闍梨所傳曼荼羅中，則與大梵天共位於第三重東方。尊形爲身呈白肉色，右手屈臂握拳，左手屈臂當胸，持蓮花。

梵天離欲清淨，應無后妃，於密教中稱妃，乃表梵天女性之德。

兜率天

兜率天（梵名 Tuṣita，巴 Tusita，藏 Dgaḥ-ldan），又譯作覩史多天、兜駛多天等。意譯爲妙足天、知足天、喜足天、喜樂天。爲欲界六天的第四天。在此天之人，多於自己所受，生喜樂知足之心，故有此名。《彌勒上生經宗要》云：「六天之中是其第四天，下三沈欲情重，上二浮逸心多，此第四天欲輕逸少，非沈非浮，莫蕩於塵，故名知足。」《慧苑音義》卷上說明此詞有喜事、聚集、遊樂三義。而在《佛地論》卷五中說：「覩史多天，後身菩薩於中教化，多修喜足，故名喜足。」

圖 21　兜率天及天女（胎藏界）

此天在夜摩天上十六萬由旬，距大海三十二萬由旬，於虛空密雲上，縱廣八萬由旬。有內外兩院，「外院」是凡夫所住的穢土。「內院」是一生補處菩薩（即將成佛者）居住的淨土。《佛本行集經》說：一生補處的菩薩，在兜率天的高幢宮，爲諸天說「一百八法明門」；《普曜經》也有此說。後代所稱的彌勒內院，也就是兜率天上，一生補處菩薩所住的清淨地區。像釋迦牟尼佛爲一生補處菩薩時，也曾在此天修行，然後由此處下生人間。現爲補處菩薩的彌勒，今也在此處說法教化。

在《觀彌勒菩薩上生兜率天經》中有彌勒上生此天時的情景的詳細描寫，經中說，爾時有五百萬億天子，爲一生補處菩薩化作五百萬億寶宮，並有一大神名安度跋提發願爲彌勒菩薩造善法堂，發願已，從額上自然出五百億寶珠，如紫紺摩尼表裏映徹，摩尼光迴旋空中，化爲四十九重微妙寶宮，又化作五百億天女，自然執樂器，競起歌舞，所詠之歌皆演說十善四弘誓願，諸天聞者無不發無上道心等等，種種莊嚴殊勝不一而足。

由於未來佛彌勒菩薩此時正在兜率天之內院說法，因此佛教界也有發願往生

圖 22　兜率內院說法主彌勒菩薩

兜率天親聆彌勒教化的思想，稱之「兜率往生」；又因爲兜率天在人類之上方天界，因此又稱「兜率上生」。這是往生彌陀極樂淨土之外的另一種往生思想，其所依據的是《彌勒上生經》。

而據載西元前一〇一～七七年在位的錫蘭王——度他伽摩尼（Duṭṭha-Gamaṇi），在臨終時，發願生兜率天，見彌勒菩薩。因此，早在西元前二世紀，就已經有上生兜率見彌勒的信仰，這是可以確定的。在我國，東晉的道安及其弟子法遇、曇戒；唐代的玄奘、窺基師徒等人，皆是發願往生兜率的著名例子。

至於往生兜率內院的因緣，在《佛說觀彌勒菩薩上生兜率天經》中說：「佛滅度後，如果有精勤修諸功德，威儀不缺，掃塔塗地，以眾名香妙花供養，行眾三昧，深入正受讀誦經典者，應當至心，雖不斷結如得六通，應當繫念，念佛形像，稱彌勒名。如是等輩，若一念頃受八戒齋，修諸淨業，發弘誓願，命終之後，譬如壯士屈申臂頃，即得往生兜率陀天，於蓮華上結加趺坐。」

經中又說：如果有比丘、比丘尼、優婆塞、優婆夷及天龍八部等眾生，得聞彌勒菩薩摩訶薩名，聞已歡喜，恭敬禮拜，此人命終如彈指頃，即得往生，如前無異。

或是在未來世中諸眾生等，聞是菩薩大悲名稱，造立形像，香花、衣服、繒蓋、幢幡禮拜繫念。此人命欲終時，彌勒菩薩放眉間白毫大人相光，與諸天子雨曼陀羅花，來迎此人。此人須臾即得往生，值遇彌勒，頭面禮敬，未舉頭頃，便得聞法。即於無上道，得不退轉；於未來世，得值恒河沙等諸佛如來。

又，此天天眾壽量四千歲。其一晝夜相當於人間四百年。加以換算，其壽量相當人間五億七千六百萬年。如果用古時的記數法，則爲五十七億六千萬年。天眾行欲時，男女執手即成陰陽。初生之兒如人間小孩八歲大（或有說如四、五歲兒），色圓滿，衣服自備，七日成人，身長四由旬，天衣長八由旬，廣四由旬，重一銖半。

而在新譯《華嚴經》卷一中，提到有知足天王、喜樂海髻天王、最勝功德幢天王、寂靜光天王、可愛樂妙目天王、寶峰淨月天王、最勝勇健力天王、金剛妙光明天王、星宿莊嚴幢天王、可愛樂莊嚴天王等不可思議數兜率天王，其皆勤念持一切諸佛所有名號。

毗首羯摩天

毗首羯摩天（梵名 Viśvakarman），又寫作毗守羯磨天、毗濕縛羯磨天，意爲造一切者，或意爲種種工作。此天爲帝釋天之臣，住在三十三天中。相傳此天能化作種種工巧物，司掌天上建築雕刻之事。

此天原爲印度之神祇，如在《梨俱吠陀》中，稱其爲宇宙之建造者，而在史詩《羅摩耶那》、《摩訶婆羅多》中，皆奉爲工藝之神，任諸神之工匠與建築師，乃諸天中之巧匠，因此，古代印度的工巧者多祭祠此天。

依《玄應音義》卷二十五云：「毗濕縛羯摩天，此云種種工業。案西國工巧者多祭此天也。」在《起世因本經》卷七則記載：「時帝釋天王欲得瓔珞，即念毗守羯磨天子。時彼天子即便化作眾寶瓔珞，奉上天王。若三十三天眷屬等須瓔珞者，毗守羯磨皆悉化作而供給之。」

又據《造像功德經》卷上所述，佛陀上昇忉利天爲母說法時，毗首羯摩天曾

圖 23　金剛業菩薩

爲優填王造釋迦佛像。在密教中，此尊被視爲與金剛界曼荼羅中的金剛業菩薩同尊。

《大智度論》卷四記載，佛陀前世爲優尸那種尸毗王時，毗首羯摩天與帝釋天爲了試驗尸毗王的修行，兩人便商議，由帝釋化作鷹、毗首羯摩天化作赤眼赤足的鴿子，共來試探尸毗王的菩薩行。然後，鴿子在鷹的追逐下，急飛入王腋下，害怕的舉身戰怖，這時鷹就要求毗尸王交出鴿子，王不肯，反割自身肉與鷹作爲交換，而心不瞋不惱，這就是有名的「割肉飼鷹」的佛陀本生故事。

而由《大集經》中記載：「爾時世尊以震旦國咐囑毗首羯摩天子五千眷屬、迦毗羅夜叉大將五千眷屬，乃至雙瞳目大天女十七大將各領五千眷屬，汝等賢首皆共護持震旦國土，於彼所有一切觸惱、鬥諍怨讎、忿競言訟、兩陣交戰、飢饉疫病、非時風雨、冰寒毒熱悉令休息，遮障不善諸惡眾生；瞋恚麁獷、苦辛惱觸無味其物悉令休息，令我法眼得久往故，紹三寶種不斷絕故。」可知毗首羯摩天亦爲正法的守護者。

鳩摩羅天

鳩摩羅天（梵名 Kumāra），又作鳩摩羅伽天、鳩摩囉伽天、拘摩羅天、俱摩羅天、矩摩羅天，意譯爲童子天。爲護世二十天之一，即初禪天的梵王；因其容顏如童子而得名。

《大智度論》卷二記載此天手擎雞、持鈴、捉赤幡、騎孔雀。《大日經疏》卷十六則說：「俱摩羅作鑠底印，大自在之子。」也有將之視爲火天之子。

又，《大日經疏》卷五認爲戰神塞建那（Skandaḥ）天就是童子天，《攝大儀軌》卷二也說：「塞建翻童子，三首，乘孔雀。」依據此說，古來密教將塞建那與俱摩羅視爲同一，而將之列於金胎兩部曼荼羅中。其中，胎藏界曼荼羅將此天列於外金剛部院西方辯才天之傍，尊形爲黃色六面（套即二重各三面），童顏，右手執持三股戟，左手持其柄，乘孔雀。而在金剛界曼荼羅成身會等，則身作青綠色，左手作拳安腰際，右手持鈴，坐荷葉座。

圖 24　鳩摩羅天（胎藏界）

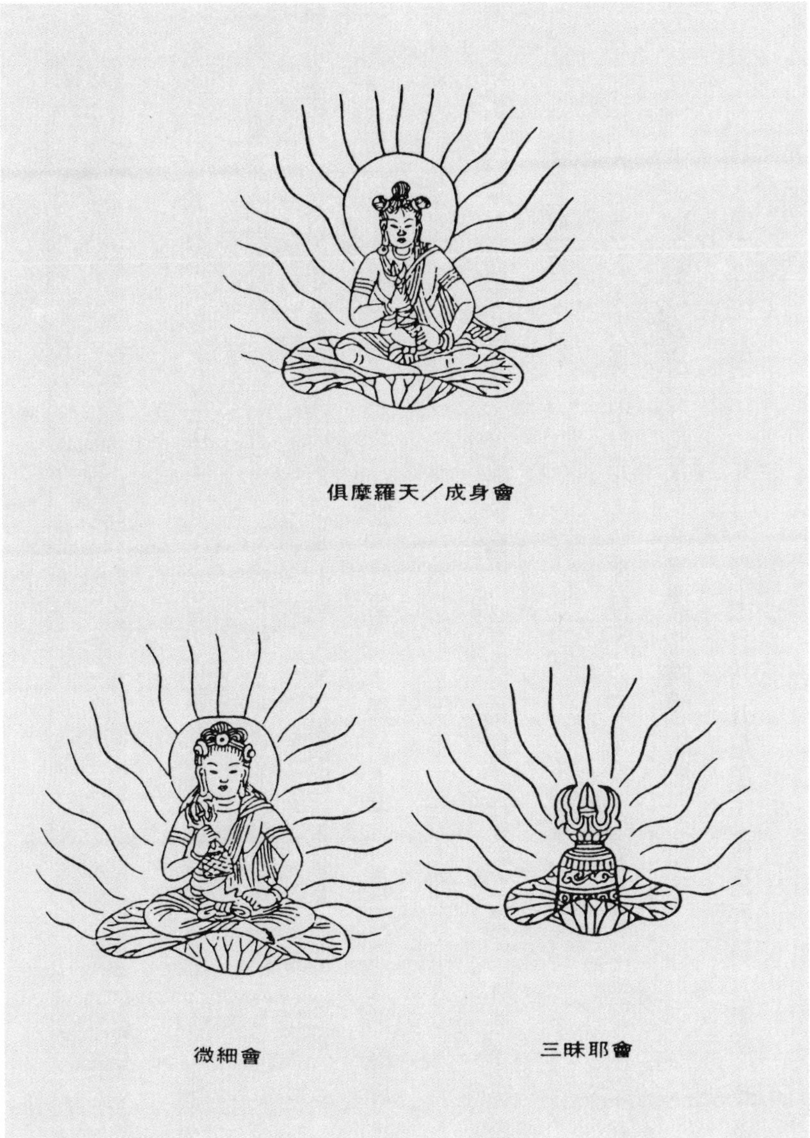

圖 25　鳩摩羅天（金剛界）

光音天

光音天（梵名Ābhassara-deva），音譯又作阿婆嗫羅遮、阿波羅、阿陂亘羞、阿會亘修、阿波繪、阿波會等。意譯作光音天或遍勝、極光淨天。此界眾生不使用語言，僅以定心發出光明來互通心意，所以稱之爲光音天。

此天爲色界十八天之第六，二禪天之第三，即最上天，爲二禪天王的居止處。其天眾清淨無量，口中明淨，身長八踰繕那。天壽二劫，亦有中夭者。與上品二禪天相應的眾生投生此界，得最勝色，以喜悅爲食，住於安樂，自然光明，具有光明，可乘空而行。

依印度人的傳說，人類的祖先，即來自光音天。在《增一阿含經》卷三十四〈七日品〉中，也記載著劫初光音天子下來世間的故事：「

或有是時，水滅地復還生。是時，地上自然有地肥，極爲香美，勝於甘露。欲知彼地肥氣味，猶如甜蒲桃酒。比丘當知，或有此時，光音天自相謂言：『我

圖 26　光音天及光音天女（胎藏界）

等欲至閻浮提，觀看彼地形還復之時。』光音天子來下世間，見地上有此地肥，便以指嘗著口中而取食之。是時，天子食地肥多者，轉無威神，又無光明，身體遂重而生骨肉，即失神足，不復能飛。又彼天子食地肥少者，身體不重，亦復不失神足，亦能在虛空中飛行。

是時，天子失神足者，皆共號哭自相謂言：『我等今日極爲窮厄，復失神足，即住世間，不能復還天上，遂食此地肥。』各各相視顏色。彼時天子欲意多者，便成女人，遂行情欲，共相娛樂。……是時，餘光音天見此天子以墮落，皆來呵罵而告之曰：『汝等何爲行此不淨之行？』是時，眾生復作是念：我等當作方便，宜共止宿，使人不見。轉轉作屋舍，自覆形體。是謂比丘！有此因緣，今有屋舍。

比丘當知，或有是時，地肥自然入地，後轉生粳米，極爲鮮淨；亦無皮表，極爲香好，令人肥白；朝收暮生，暮收朝生。是謂比丘！爾時始有此粳米之名生。比丘！或有是時，人民懈怠不勤生活。彼人便作是念：『我今何爲日日收此粳米？應當二日一收。』是時，彼人二日一收粳米。爾時，人民展轉懷妊，由此轉有生分。」

相傳這便是人類的起源，人類便由此輾轉繁衍而成。

此外，在新譯《華嚴經》卷一中列舉有可愛樂光明天王、清淨妙光天王、能自在音天王、最勝念智天王、可愛樂清淨妙音天王、善思惟音天王、普音遍照天王、甚深光音天王、無垢稱光明天王、最勝淨光天王等光音天王之名，並說這些天王寂靜喜樂無礙法。

此天於密教胎藏曼荼羅中，將之列於金剛部院北方，身呈白肉色，右手置腰際，執蓮華，左手於胸前豎掌，身上天衣飄然。左右並各侍有一光音天女。

廣果天

廣果天（梵名 Bṛhatphala），音譯為鞞疑呵破羅天、惟于頗羅天、惟于幡天、比伊清羅天、維阿鉢天。意譯作果實天、嚴飾果實天、密果天、大果天、廣天、極妙天。為色界十八天之一，位於第四禪天的第三，在福生天之上，無煩天之下。《順正理論》中說其居在方所，異生果中，此最殊勝，故名廣果。

在新譯《華嚴經》卷一中記載，在參與華嚴法會的大眾中，「復有無量廣果天王，所謂：愛樂法光明幢天王、清淨莊嚴海天王、最勝慧光明天王、自在智慧幢天王、樂寂靜天王、普智眼天王、樂旋慧天王、善種慧光明天王、無垢寂靜光天王、廣大清淨光天王……，如是等而為上首，其數無量。」並說其「莫不皆以寂靜之法，而為宮殿安住其中。」

又，《長阿含經》卷二十一〈世紀經．三災品〉中說世有火、水、風三災，風災起時至果實天，果實天為際，彼時：「此世間人聞其說（第四禪道）已，即修第四禪道，身壞命終生果實天。爾時地獄眾生罪畢命終來生人間，復修第四禪，身壞命終生果實天。畜生、餓鬼、阿須倫、四天王，乃至遍淨天，眾生命終來生人間，修第四禪，身壞命終生果實天。由此因緣地獄道盡，畜生、餓鬼、阿須倫、四天王，乃至遍淨天趣皆盡。」

此天為凡聖雜居的天界。關於其壽量，在《長阿含經》卷二十中說是四劫，《立世阿毗曇論》卷七中則說是五百大劫。關於其身量，《法苑珠林》卷三說有五百由延。

又，此天中有小高處，名無想天，上座部將此別開爲一天，但說一切有部及經量部是將之合併於廣果天而不別立。

吉祥天

吉祥天（梵名Śrī-mahā-devī），爲佛教的護法神，主施福德。

此天的異名甚多，在《大吉祥天女十二名號經》列出有吉慶、吉祥蓮花、嚴飾、具財、白色、大名稱、蓮華眼、大光曜、施食者、施飲者、寶光、大吉祥等十二種名稱；在《大吉祥天女十二契一百八名無垢大乘經》則列舉了一〇八種名種。此外還有寶藏天女或第一威德成就眾事大功德天等名。

另外，或有稱之爲功德天，可是亦有認爲功德天與吉祥天實爲不同尊的說法，如《大佛頂經》卷七中，即並列有功德天女與吉祥天女二尊，可見二者並非同一尊。

相傳此天爲毗沙門之妻，其父爲德叉迦、母爲鬼子母神。在婆羅門教則視之爲毗紐天之妃。而在密教中，則視此天女爲胎藏界大日如來所變，亦爲金剛界大日如來所變之毗沙門天王的妃子；於阿闍梨所傳的曼荼羅中，位列於北方毗沙門天之側。

依《金光明經》〈功德天品〉所載，吉祥天在過去世的寶華功德海琉璃金山寶照明如來時，已種下諸種善根。所以，她現在能夠隨所念、所視、所至之處，而使無量百千眾生受諸快樂，乃至所須資生之具及種種珍寶等悉令充足。並說，如果行者能夠持誦《金光明經》，供養諸佛，用香花、好香、美味來供養吉祥天，並且持念她的名號，如法供養之後，則此信徒當能獲得資財寶物等福報。

同經中並述及在北方毗沙門天王有城名「阿尼曼陀」，其城有園名「功德華光」。在此園中有一名爲「金幢七寶極妙」的最勝園，此園即是大吉祥天女常止住之處。

關於此尊尊形，諸說不一。依《諸天傳》卷下所述，其身端正，有赤白二臂，左手持如意珠，右手作施無畏印，坐於寶臺上。左邊梵天，手持寶鏡；右邊帝

圖 27　吉祥天

釋天，散花供養。天女背後有七寶山，天像上有五色雲，雲上又有六牙白象，象鼻持瑪瑙瓶，自瓶內出種種物，灌功德天頂上。天神背後有百寶花林，頭上有千葉寶蓋，於諸天蓋上作伎樂，散花供養。

《寶藏天女陀羅尼法》則記載：「天女身長二尺五寸，頭作花冠，所點花極妙端正；身著紫袍、金帶、烏靴，右手把蓮花，左手把如意寶珠。」《陀羅尼經》則描述其左手持如意珠，右手作施咒無畏印，坐於宣臺之上。

以此天女爲本尊，祈求福德的修法，稱爲吉祥天女法或吉祥悔過法。據《金光明經》卷二記載：「若有欲得財寶增長，是人當於自所住處，應淨掃灑，洗浴其身，著鮮白衣，妙香塗身；爲我至心，三稱彼佛寶華琉璃世尊名號，禮拜供養，燒香散華，亦當三稱金光明經，至誠發願，別以香華種種美味，供施於我，散灑諸方，爾時當說，如是章句。（中略）我於爾時，如一念頃，入其室宅，即坐其座。從此日夜，如此所居，若村邑、若僧坊、若露地，無所乏少；若錢、若金銀、若珍寶、若牛羊、若穀米，一切所須，即得具足，悉受快樂。」

圖 28　吉祥天

辯才天

辯才天（梵名Sarasvatī、Sarasvatī-devī），梵名音譯作薩囉薩伐底、薩囉娑嚩底、縒羅莎縛底、蘇羅娑縛帶。意譯爲妙音天、妙音樂天、美音天、大辯才天、大辯才天女、大辯才天神、大辯才天王、大聖辯才天神。略稱辯天，俗稱辯財天。此天主掌學問辯才、音樂與福德。相傳梵語及天城體字母即爲其所創。原本爲印度人所信仰的河神，後來輾轉成爲佛教的護法神之一。

有關辯才天護持佛法的事蹟，由《金光明最勝王經》卷七〈大辯才天女品〉中，可略窺一二。依該經所載，凡是宣講《金光明經》者，都能得到她的護持而智慧增長、具足言說辯才。凡忘失經文句義者，也能得到她的幫助而憶持開悟。一般眾生如果聽到該經，則因爲受到她的加持而能得到不可思議的捷利辯才，與無盡的大智慧，甚至於善解眾論及諸技術；能出生死，速趣無上正等菩提。而於現世中，增益壽命，資身之具悉皆圓滿充足。

圖 29　辯才天

同品中並載有咒藥洗浴之法，若如法洗浴，並讀誦此經，則所有惡星災變，疫病之苦、鬥諍戰陣，惡夢鬼神蠱毒厭魅咒術起屍等障難，悉令除滅。並可解脫貧窮具足財寶，獲四方星辰及日月的威神擁護得以延年，吉祥安隱福得增。

此尊在現今印度教所崇奉的造像中，一般多作四臂形，右第一手持花、次手執梵夾，左第一手持大自在天的華鬘，次手持鼓；乘騎雁鳥。

在密教胎藏曼荼羅中，此天則位外金剛部院，兩手抱琵琶作彈奏狀。而依《金光明最勝王經》卷七〈大辯才天女品〉所述，此天女常以八臂自莊嚴，各持弓、箭、刀、矟、斧及長杵、鐵輪、羂索。

關於修習此一天女法的功能，除了上述增益、息災等作用之外，還可以使人成爲大聲樂家，或大雄辯家。日本密教對此尊頗爲崇拜，也有不少異於印度佛典的說法，譬如「辯才天十五童子」，與「日本本邦五辯才天」之說，即皆是日本所特有的傳說。

圖 30　辯才天

戲忘天

戲忘天，又稱戲忘念天，或遊戲忘念天。天界之一，此界之天人，耽著於種種戲樂而忘失正念，其後即自此世界往下墮落至他界。

在《瑜伽師地論》卷五中說：「或有所得自體，由自所害不由他害，謂有欲界天，名遊戲忘念。彼諸天眾，或時耽著種種戲樂，久相續住，由久住故，忘失憶念，由失念故，從彼處沒。」

而在《大毗婆沙論》卷一九九中則記載：「先從戲忘天歿來生此間，由得宿住隨念通故便作是執。彼天諸有不極遊戲忘失念者，在彼常住，我等先由極戲忘念從彼處歿，故是無常。」

關於此天的所在，或有說是住在須彌山上，或有說是三十三天，或是夜摩天，也有認爲是在欲界六天中的上四天，諸經說法不一。

夜摩天

夜摩天（梵名 Yāma、Suyāma），為六欲天之一。梵音又譯作焰摩、炎摩、蘇夜摩、須焰摩、須炎摩、須燄、須炎，或作炎、燄、鹽或豔等等；意譯則為善時分、善時、善分、時分、妙善、唱樂，或稱為離諍天。

據《立世阿毗曇論》卷六及《慧苑音義》卷上所述，此天界光明赫奕，無晝夜之別。居於其中之天人分分度時受不可思議之歡樂。壽量二千歲，其一晝夜相當於人間二百歲。身長二由旬，衣長四由旬，廣二由旬，重三銖。有婚姻之事，男娶女嫁，男女相近或纔相抱，即成欲行。子從男女膝上化生。其初生者如閻浮提三、四歲之童（一說七歲），生已身形速成滿，常食淨摶食。

此天是空居天之一，距閻浮提十六萬由旬，距忉利天八萬由旬；縱廣有八萬由旬。又據《正法念處經》卷三十六所述，此天住於虛空，如虛空中所有雲聚，為風所持。有「勢力地」、「光明地」等三十二地。此三十二地，高五千由旬。

其天王名曰牟修樓陀，身量五由旬。又此天界有高一萬由旬的四大山及種種異山，還有無數天華以為莊嚴，有種種河池，百千園林周匝圍繞。河池有勝妙蓮華，園林有天女喜笑歌舞，成就其他無量功德。天眾受種種快樂，其勝妙非忉利天所能及。

新譯《華嚴經》卷一中，列舉有善時分天王、可愛樂光明天王、無盡慧功德幢天王、善變化端嚴天王、總持大光明天王、不思議智慧天王、輪齊天王、光焰天王、光照天王、普觀察大名稱天王等無量夜摩天王，說其皆勤修習廣大善根，心常喜足。

冰揭羅天

冰揭羅天（梵名 Piṅgala），又作冰迦羅天、冰誐羅天、冰羯羅天、冰蘖囉天或畢哩孕迦天，也稱作冰揭羅天童子。此天為鬼子母神訶哩底母（Hārītī）之子，屬金剛界二十天之一。

圖 31　冰揭羅天

此尊在密教現圖金剛界曼荼羅中，位列成身會等外院二十天中的南方，又稱爲熒惑天，屬五類諸天中的遊虛空天。其尊形爲身白肉色，右手持火炬，置於胸前，左手作拳，坐荷葉座。可是在《大藥叉女歡喜母並愛子成就法》中，形容其尊形爲：「作童子形，頂上有五朱紫髻子，相好圓滿，以種種瓔珞莊嚴其身，於荷葉上交腳而坐。右手掌吉祥果，作與人勢，左手揚掌向外，垂展五指。此名滿願手。」

而在《冰揭羅天童子經》中則說：「作童子形狀，左手把果，右手垂作滿願，掌向外。」可見關於其尊形，諸說不一。

依《大藥叉女歡喜母並愛子成就法》中記載，訶哩底母（即歡喜母）左手抱畢哩孕迦，說愛子畢哩孕迦陀羅尼。並說如果有受持此陀羅尼者，則必擁護之，令一切諸惡鬼神不敢侵擾。且畢哩孕迦必現，與持誦者常爲親伴，所須皆應，所求無不隨意。而以此天爲本尊，祈求財寶福德而修的法，稱之爲冰揭羅天法。經中另說有此尊的乞夢真言，若有如法供養持誦者，即可夢見畢哩孕迦，所有疑事，問之皆說。

大聖歡喜天

大聖歡喜天（梵名 Mahārya-nandikeśvara），具稱大聖歡喜大自在天神，略稱作歡喜天、聖天。又稱作誐那鉢底（梵名 Gaṇa-pati），有誘導者之意，或譯作常隨魔。別名爲毗那夜迦（Vīnayaka）。爲佛教護法神。

據《希麟音義》卷七所述，大聖歡喜天爲障礙神，其形相爲象頭人身，能障礙一切殊勝事業。《大日經疏》卷七則說：「所謂毗那也迦即是一切爲障者，此障皆從妄想心生，若能噉食如是重障，使心目開明。」

⊙甘尼沙的傳說

此天原爲印度神話中的神祇，稱作甘尼沙（梵名 Ganeśa、Ganesh），音譯或作誐尼沙。相傳是濕婆神（即大自在天）與其妃波羅娃蒂（Pāravatī，或稱作烏摩 Umā）之子，與其兄弟共同統轄其父大自在天的眷屬。其形像爲象頭大腹，缺一牙，有四臂，乘鼠。

關於其尊形爲象頭的來由，有些有趣的傳說，一說是當濕婆神與波羅娃蒂化現爲象姿時，甘尼沙恰於其時出生，所以生有此形。另一傳說是甘尼沙是在其父外出時出生，與其父並不相識，一日其母波羅娃蒂沐浴時，濕婆神自外歸來，甘尼沙爲阻止濕婆神闖入，而與濕婆神相鬥戰，濕婆神在大怒之下，切落了甘尼沙之頭，待怒氣平息時，才得知甘尼沙是自己的兒子，於是允諾將所見第一隻動物的頭砍下給甘尼沙作頭，恰巧其所見的第一隻動物爲象，因此甘尼沙就成爲象頭人身的模樣。

至於，甘尼沙缺一牙的緣故，相傳則是因爲有一次當濕婆神在開拉沙山睡眠時，波拉修拉瑪來見濕婆神，卻遭甘尼沙的阻擋。於是兩人便發生了爭執，因此在爭執中，甘尼沙失掉了一牙。

相傳敍事詩《摩訶婆羅多》的完成，與甘尼沙不無關係；通常在印度文學作品的卷首部分，常附有獻予甘尼沙之敬禮文，並求其除去障害。

此外，大聖歡喜天也是印度文學、智慧的保護神，印度人民於著述、出外旅

圖 32　大聖歡喜天

行時皆有祭祀歡喜天的習俗。印度摩訶拉須特拉省對此神的崇拜風氣頗盛，至今每年八月底的「甘尼沙節」都有盛大的慶祝活動。又，此尊也被視爲財神，一般所說的象頭財神，即是指此。

⊙觀世音菩薩降伏毗那夜迦的因緣

據說毗那夜迦常隨逐衆生，伺機障礙，梵王、諸大龍王悉不能破，唯十一面觀音與軍荼利明王能降伏之，在《阿娑縛抄》卷一四九引〈毗那夜迦密傳〉的說法，記載了觀自在菩薩降伏毗那夜迦的因緣：

「有山名毗那夜迦山，此云象頭山，又名障礙山，其中多有毗那夜迦，其聖名歡喜，與其眷屬無量衆，俱受大自在天勅，欲往世界奪衆生氣，而作障難，是摩醯首羅作歸佛法體也。爾時，觀自在菩薩大悲薰心，以慈善根力，化爲毗那夜迦婦女身，往彼歡喜王所。于時彼王見此婦女，慾心熾盛，欲觸彼毗那夜迦女，與抱其身。于時障女形不肯受之，彼王即作愛敬，於是，彼女言，我雖似障女，從昔以來，能受佛教，得袈裟衣服，汝若實欲觸我身者，可隨我教，即如我至于

圖 33　大聖歡喜天雙身像

盡未來世能爲護法不？又從我護諸行人，莫作障礙不？又依我已後，莫作毒不耶？汝受如此教者，爲親友。時毗那夜迦言，我依緣今值汝等，從今已後，隨汝等語，修護佛法。時毗那夜迦女含笑而相抱。」

⊙佛教中的大聖歡喜天

密教在印度興起時，此神爲佛教吸收入護法神體系之中，而稱之爲大聖歡喜自在天或毗那夜迦，位列胎藏外金剛部院北方及金剛界二十天之一。

關於此尊尊形，在胎藏界曼荼羅外院北方的歡喜天圖像，有雙身與單身二種傳圖，單身像爲象頭人身，面稍向左，鼻向外轉，右方的象牙折斷。此中，又有四臂、六臂、八臂的分別。四臂像右手執鉞斧、歡喜團，左手執棒與牙。六臂像則右手執棒、索、牙，左手執劍、歡喜團、轎。

此外，也有手持金剛杵、荷葉與蘿蔔根者。雙身像呈夫婦合抱站立狀，男天的臉靠在女天的右肩上，女天的臉靠在男天的右肩上，互相注視背部，二天手足皆柔軟端正。男天著赤色袈裟；女天頭繫華鬘，手足纏繞瓔珞。二天皆爲白肉色，著赤色裙，各以兩手互抱腰上。

在金剛界成身會等，則列於外金剛部，身呈白肉色，一手執蘿蔔根，一手捧歡喜丸，坐荷葉座。

依密教的說法，若持誦大聖歡喜天的咒語，不論求名遷官、求世異寶、求色美等皆得滿願，而病惱、劫賊等之災難亦可解脫，又得夫婦和合、求子必得、壽命長遠、福祿自在。關於聖天供的儀軌，詳載於《使咒法經》、《大使咒法經》、《金色迦那鉢底陀羅尼經》、《大聖歡喜雙身大自在毗那夜迦王歸依念誦供養法》、《大聖天歡喜雙身毗那夜迦法》、《毗那夜迦誐那鉢底瑜伽悉地品秘要》、《大聖歡喜雙身毗那夜迦天形像品儀軌》等經典中。但若欲降伏此天，則須修大威德明王法。

在日本，此神被視爲能令夫妻和合，且能授予子息的神祇。

摩利支天

摩利支天（梵名Marīci），又音譯爲摩里支天、末利支天。意譯作積光、威光、陽燄等名。是一位能夠自我隱形而爲眾生除滅障難、施予利益的女神。雖然屬於天部，但有時也被稱爲摩利支天菩薩或大摩里支菩薩。

在印度《薄伽梵歌》之中，此天神是男性。相傳是火星、生主（Prajā-pati）或梵天之子，又爲七大仙人中的迦葉波仙人之父，是風神，爲古代印度庶民所崇仰。

據佛典《佛說摩利支天菩薩陀羅尼經》所載，摩利支天有大神通自在之法，常在日天（太陽神）前行走，日天不能見她，而她能見到日天。由於她能隱形，所以她的形蹤無人能知。對於她，無人能捉，無人能害，無人能加欺誑、束縛。修持此法之人，亦復如是。依佛經所說，修習摩利支天法或誦習《摩利支天經》的人，也往往能得到其不可思議能力的加護，其人即不爲冤家所害。

圖 34　摩利支天

依密教所傳，修習摩利支天法，如果得到成就，不但能消災除厄，最特別的是還能隱身。依《佛說大摩里支菩薩經》所載，此尊「能令有情在道路中隱身、眾人中隱身。水、火、盜賊一切諸難皆能隱身。」如能虔誠依法修持，則一切天魔惡鬼外道，都無法覓得修法者的行蹤，而「諸持誦阿闍梨，若依摩里支成就法行，精進修習，勇猛不退。無缺犯，如是眾生，令得菩薩清淨大智」。除此之外，經中還詳載有息災、增益、降伏等法，若得精進修習，各法均有不可思議之效驗。

摩利支天的形像依修法不同也有多種，如：《大摩里支菩薩經》卷五：「變自身成摩里支菩薩相：身如閻浮檀金，光明如日。頂戴寶塔，著紅天衣，腕釧、耳環、寶帶、瓔珞及諸雜花種種莊嚴。八臂、三面、三眼、光明照曜。脣如曼度迦花，於頂上寶塔中，有毗盧遮那佛，戴無憂樹花鬘。左手執羂索、弓、無憂樹枝及線；右手執金剛杵、針、鉤、箭。正面，善相微笑，深黃色、開目，脣如朱色，勇猛自在。左面，作豬相，醜惡忿怒，口出利牙，貌如大青寶色，光明等十二日，顰眉吐舌，見者驚怖。右面，作深紅色，如蓮華寶有大光明……。」

另有一種造像作天女形，或坐或立於蓮花上；左手在胸前持天扇，右手下垂。也有的是現忿怒像，有三面，每面有三目，有六隻手臂或八隻手臂，騎乘於野豬上，或坐於七野豬拖車之上；左方的各手分別執無憂樹、羂索及弓弦；右手各手分執金剛杵、針、箭與金剛斧。此外還有多種其他形像。

伎藝天

伎藝天又稱大自在天女、摩醯首羅頂生天女。為密教的護法神。相傳是自摩醯首羅天王髮際所化生之天女。

據《摩醯首羅大自在天王神通化生伎藝天女念誦法》所載：「爾時摩醯首羅天王於大自在天上，與諸天女前後圍繞，神通遊戲作諸伎樂。忽然之間，於髮際中，化出一天女，顏容端正，伎藝第一，一切諸天無能勝者。於大眾中而作是言：『我今為欲利益一切，有所祈願豐饒、吉祥、富樂之事，隨心稀求，悉能滿足，於諸業藝，速能成就。』」

圖 35　伎藝天

由此經文可知，此天女對於眾生希求豐饒、吉祥、富樂的願望都能一一賜予滿足。如果有眾生向她祈求諸伎藝，也可以迅速得到成就。所以此天女古來多為日本從事伎藝者所尊崇。其修法稱為伎藝天女法。而於天旱或雨水過多時，若如法結界壇、護摩，唸誦其真言，向其祈請，也能圓滿祈雨或止雨心願。

據經典描述，此天女顏容端正、伎藝第一。形像為身著天衣，以瓔珞嚴身，兩手腕上各有鐶釧，左手向上捧天花，右手向下作捻裙狀。

地天

地天（梵名Pṛthivī），音譯作比里底毗、必哩體尾、畢哩體微、缽嘌體吠。為色界十二天的第十天，乃主掌大地之神。又稱地神、地神天、堅牢神、持地神、堅牢地天、堅牢地神、地多大神。

此神原為古代印度所崇仰的神祇，在《梨俱吠陀》、《阿闥婆吠陀》均讚歎其為具備偉大、堅固、不滅性、養育群生、繁生土地等美德的女神。尤其在《梨俱吠陀》中更以之爲諸神之母，而尊稱地母（Bhūmī）。

在佛教中，此尊被視之爲菩薩或護法神，在經典中常可見到其尊名及功德勢力。如《金光明最勝王經》卷八〈堅牢地神品〉謂之爲堅牢地神，即取其堅固之德。經中詳述此神護持說持《金光明經》者，並說如果有說法者廣演是經時，他就會常作宿衞，隱蔽其身於法座下頂戴其足。而《法華經》卷七〈普門品〉、《不空羂索神變真言經》卷九〈廣大解脫曼拏羅品〉等處，也都列有持地菩薩的名號。

此外，新譯《華嚴經》卷一也列舉有普德淨華主地神、堅福德莊嚴主地神、妙華嚴樹主地神、普散眾寶主地神、淨目觀樹主地神、妙色勝眼主地神等名。並說彼等皆於往昔發深重願：願常親近諸佛如來，同修福業。

而在《地藏本願經》卷下〈地神護法品〉中，佛也曾對堅牢地神說：「汝大神力諸神少及，何以故？閻浮土地悉蒙汝護，乃至草木、沙石、稻麻、竹葦、穀米、寶貝從地而有，皆因汝力。」

另於《方廣大莊嚴經》卷九〈降魔品〉中記載，佛陀初成道，此地神爲作證

圖 36　堅牢地神

明，從地湧出，曲躬恭敬，捧著盛滿香花之七寶瓶供養世尊。而據玄奘大師在《大唐西域記》卷八中記載，後人爲念其報魔至及爲佛證明的功德，而在迦葉波佛精舍西北二甎室中造立其像。《大毗婆沙論》卷一八三也說，地神恆衞護佛陀，並告知諸天佛陀轉法輪事。

在《堅牢地天儀軌》中述及，此尊與大功德天曾一起稟白佛陀，如果有眾生禮拜恭敬供養及念誦其真言，他會恒常出地味資潤彼人，令其身中增益壽命，是地精氣充溢，行者身中得色力、得念、得喜、得精進、得大智慧、得辯財、得三明六通，人天愛敬，得無比無盡大福德云云。

此尊尊形，於密教胎藏界曼荼羅中置男女二天。男天身呈赤肉色，戴寶冠，左手捧鉢，鉢中有鮮花，右掌向外，安胸前，坐圓座上。女天則居男天左側（或後方），身白肉色或赤肉色，頭戴寶冠，左手置於股上，右手安胸前，亦交腳坐圓座上。而於金剛界曼荼羅成身會者，則是呈白色女身形，開兩臂抱持圓輪，寶冠中有半月。

此外，爲求福、國土豐饒或鎮護土地而修的供養法，稱地天供或土公供。

圖 37　地天

水天

水天（梵名Varuṇa-datta），又稱作縛樓那、婆樓那或縛嚕拏龍王等。爲密教十二天之一，護世八方天之一。爲西方的守護神，乃龍族之王。

水天的起源頗早。最初，在《梨俱吠陀》中被視爲司法神，相對於司宰白晝的同伴密特拉（Mitra），是掌管黑夜之神。原住於天界，後在《阿闥婆吠陀》中又成爲水神，在《摩訶婆羅多》（Mahābhārata）中則成爲水界之主（即龍種之王），且被認爲是守護西方之神。

在佛典中，水天的名字很早就出現，如《長阿含》卷二十〈忉利天品〉提到四大天神之一的水神；《雜阿含》卷三十五將其與帝釋、伊舍那同列爲受人民擁護的神；《金光明最勝王經》卷九〈諸天藥叉護持品〉也列有水神一名；又《大三摩惹經》則列出了嚩嚕尼、穌摩、地天、水天等十天；而《宿曜經》卷上，認爲此天司掌二十八宿中的危宿。但這些多僅列尊名，至密教，始將其當作守護西

圖 38　水天

方的龍王，畫列在金胎兩部曼荼羅等中。如《大日經》卷一〈具緣品〉提到：「縛嚕拏龍王羂索以爲印。」卷五〈秘密漫荼羅品〉又說：「縛嚕拏羂索，而在圓壇中。汝大我應知，種子字環繞。」由此可知此天在金胎兩部爲始的諸種曼荼羅中，爲守護西方的龍王。

關於此天尊形，在諸經軌中，有不同說法。如：《瑜伽護摩儀軌》云：「西方水天住於水中，乘龜，淺綠色。右手執刀，左手執龍索，頭冠上有五龍。四天女持妙華。」

《陀羅尼集經》卷十一中說：「以白檀木刻作其像，身高五寸，似天女形面有三眼，頭著天冠身著天衣，瓔珞莊嚴，以兩手捧如意寶珠。」

《聖無動尊安鎮家國等法》描述：「西方作赤色旗，旗上畫水天，乘龜，右執蛇索，左手叉腰。其天頭上有七龍頭，狀如蛇形。」

而在現圖胎藏曼荼羅中，其位居外金剛部院西門北側，身呈赤色，頭上有七龍頭，右手當持輪索，左拳叉腰。

在其左方有水天后，頭上有九龍頭，右手執輪索，左掌叉腰。而於其左方有

圖 39　水天（右）・水天妃（中）・水天妃眷屬（左）

水天妃眷屬，頭上有八龍頭，右手屈臂執戟，左拳當腰持輪索。

然在西門南側同時列有兩尊水天及水天眷屬，但形貌並非龍王形，因此自古來有頗多異說，或有認爲是水曜之誤。

另於金剛界曼荼羅成身會中，此天呈青色，頂上有七龍頭，著羯磨衣，表水大之特德，清淨、滋潤一切眾生心地。同時也是外金剛部二十天之一，位列北方，屬五類居天中的地居天，其手持龍索，坐荷葉座上。《賢劫十六尊軌》云：「水天執羂索。」即爲其本說。

新譯《華嚴經》卷一中，列舉有普興雲幢主水神、海潮雲音主水神、妙色輪髻主水神、善巧漩澓主水神、離垢香積主水神、福橋光音主水神、知足自在主水神、淨喜善音主水神、普現威光主水神、吼音遍海主水神等尊名，並說彼常勤救護一切眾生，而爲利益。

而《供養十二大威德天報恩品》中說，水天喜時有二利益：一者人身不渴，二者雨澤順時。此天瞋時，亦有二損：一者人身乾渴，二者器界旱魃，萬物乾盡，或雨大雨，世界滿水流損草不及與眾生。

以水天爲本尊作請雨等修法，稱之爲水天法，乃依《陀羅尼集經》卷十一所說水天印咒法，以及《供養十二大威德天報恩品》等所修。

火天

火天（梵名 Agni），又稱火光尊、火仙或火神。梵語音譯作阿耆尼，或阿哦那。

此天原爲古印度神祇之一，爲火的神格化。火的體性是暖性，有成熟萬物的作用，其性質有成熟義，同時有燒盡萬物而使其清淨的作用。自《吠陀》時代即廣受崇拜，在《吠陀》的偈頌中，火神獲讚詠的次數僅次於帝釋天，並被視爲地上諸神之首。《梨俱吠陀》更以此天爲諸神中之最年輕者。與帝釋天（或風天，Vāyu）、日天（Sūrya）合稱吠陀三尊。

此尊以多種形態顯現於不同的場所，象徵破除黑暗的光明、燒毀不淨的淨化力。有時他是神、人之間的使者、仲介者；有時是家庭神，帶來繁榮與富足；有時是守護神，保障居家平安。

在密教中，此天爲護世八天之一、十方護法神王之一，及十二天之一。在胎藏界曼荼羅中，位列外金剛部東南隅。

在新譯《華嚴經》卷一中，列舉了普光焰藏主火神、普集光幢主火神、大光普照主火神、眾妙宮殿主火神、無盡光髻主火神、種種焰眼主火神、十方宮殿如須彌山主火神、威光自在主火神、光明破暗主火神、雷音電光主火神等火神尊名，並說其皆能示現種種光明，令諸眾生熱惱除滅。

依據火焰騰空可達天界的信仰，古代印度認爲火天爲神人之間的使者，因此在行供養儀時，也常招請火神；爾後演變爲將物品投入火中以供養諸神，這就是護摩（火供）的來由。

密教緣此，在修護摩法時，先設火天段供養火天，然後供養諸尊。如《大日經》卷六〈世出世護摩法品〉中說，婆羅門認爲有四十四種火神，而密教認爲有十二種火神。《大日經疏》卷二十解釋其中第一位火神：「此火神即名爲智。其相端嚴作金剛色，以圓光焰鬘而自圍遶，處此光中寂然正受三昧。由住此三昧故

圖 40　火天

智性滿足，此智光者即是毗盧遮那之別名也。」意即由於火能燒燬物體，因此以護摩爐爲火天之口，而投以供物，也就以智火燒盡煩惱之意。

又因火的發熱與寒暖季節有關，因此而衍行由此天的喜怒而有寒暖等或順或違的思想，如《供養十二大威德天報恩品》中所述，火天喜時有二利益，一是人身熱氣隨時增減，二是時節不逆。但瞋時也有二損，一是人身熱氣非時增減，二是自然散火，焚燒諸物。

此天的色彩形像，隨息災、增益、懷愛或調伏等法不同而有差別。如《大摩里支菩薩經》卷二中所載，作息災法時，是滅罪火天；增益法時，是黃金色、身相圓滿；敬愛法時，是像曼度迦花般的紅色，稱爲迦目迦火天；降伏法時，則身穿黑衣，口出利牙，作大惡相，如劫火洞然，稱爲忿怒火天。

另依《一切如來大秘密王未曾有最上微妙大曼拏羅經》卷三〈護摩法品〉記述，作增益法時的火天，身呈深黃色，手執金剛杵，住本天宮，作自在相；作息災法時，身呈白色，穿白天衣，手持閼伽瓶，自在而住；作敬愛法，身呈赤色，左手放光住風天位；調伏法時，則身黑如煙等之色，住在天宮。

圖 41　火天

其尊形在《大日經疏》卷五中描述：「東南隅布列諸火天眾，住火焰中。額及兩臂各有三灰畫，即婆羅門用三指取灰，自塗身象也。一切深赤色，當心有三角印。在焰火圓中，左手持數珠，右手持澡瓶。此是普門之一身。爲引攝火祠韋陀梵志，方便開示佛、韋陀法，故示此大慧火壇，淨修梵行之標幟也。」

又，在金剛界曼荼羅中，此天是外部二十天之一，被配列於西方。其形像呈肉色，左手執仙杖，右手持三角火輪。《十二天供儀軌》云：「東南方火天乘青羊，赤肉色遍身火焰。右二手，一持青竹，一持軍持。左二手，一揚掌，一持念珠。有二天女持天花，左右置苦行仙，垂左腳，蹉右足。」

《藥師琉璃光王七佛本願功德經念誦儀軌供養法》則描述，東南火神大梵仙，其身紅色，執軍持，乘坐紅色　羊座；《修藥師儀軌布軌法》說，南方山羊座上之火天，身呈紅色，手持火爐。此外，另有呈一面三口四臂、三面三目四臂或四面四臂等形像。

風天

風天（梵名Vāyu），又稱作風神、風大神、風大大神。風天一稱Vāta，皆由「吹」之梵語vā轉化而來，即將風急速吹動的威力神格化。

風神的起源甚爲古老，早在《梨俱吠陀》中就已見到其名；與日天（Sūrya）、火天（Agni）合稱爲吠陀三神，是給予人們名譽、福德、子孫或長生的神祇；後被列於護世八方天中，成爲西北方守護神，同時也是十二天之一。

佛典中也常提到風神，例如在新譯《華嚴經》卷一中，便列舉了十種風神：無礙光明主風神、普現勇業主風神、飄擊雲幢主風神、淨光莊嚴主風神、力能竭水主風神、大聲遍吼主風神、樹杪垂髻主風神、所行無礙主風神、種種宮殿主風神、大光普照主風神；並說他們皆勤散滅我慢心。同經卷三更說此十風神得有各種解脫門，出現於世間，使重蓋密障迷覆的眾生皆得解脫。而《長阿含經》卷二十〈忉利天品〉則說他是四大天神之一。

圖 42　風天（胎藏界）

另於，《供養十二大威德天報恩品》則記載：「風天喜時有二利益，一者人身輕安舉動隨心意；二者器界安隱無有傾動，而隨世間有冷風和不損情非情等。此天瞋時亦有二損，一者人身及音而不隨意；二者大風吹滿散破世間，或不吹風，草木不順時也。」

密教奉他爲十二天或八方天之一，位列胎、金兩部曼荼羅中。在胎藏界曼荼羅，位於外金剛部院的西北隅，尊形作通身赤黑色，戴冠披甲，右手執幢幡，左手握拳插腰，面向左方，天衣幢幡飛颺，左方有眷屬及風天妃。

在金剛界曼荼羅，則屬外金剛部二十天之一，位於西方。在成身會中是四大神之一，位於大圓輪的西北隅，身淺黃色，現忿怒形，頭上戴獨鈷杵，著羯磨衣。《賢劫十六尊》云：「風幢西北隅，羅刹形，灰色。」《秘藏記》敍述成身會四大神之一風神的形像，說其左上角有風天，淺青色。

《迦樓羅王及諸天密言經》云：「次下風天，兩臂右持播青色。」又，《不空羂索神變真言經》卷九〈廣大解脫曼荼羅品〉云：「西北方風天神，左右一切蘖嚕茶王而爲眷屬。」

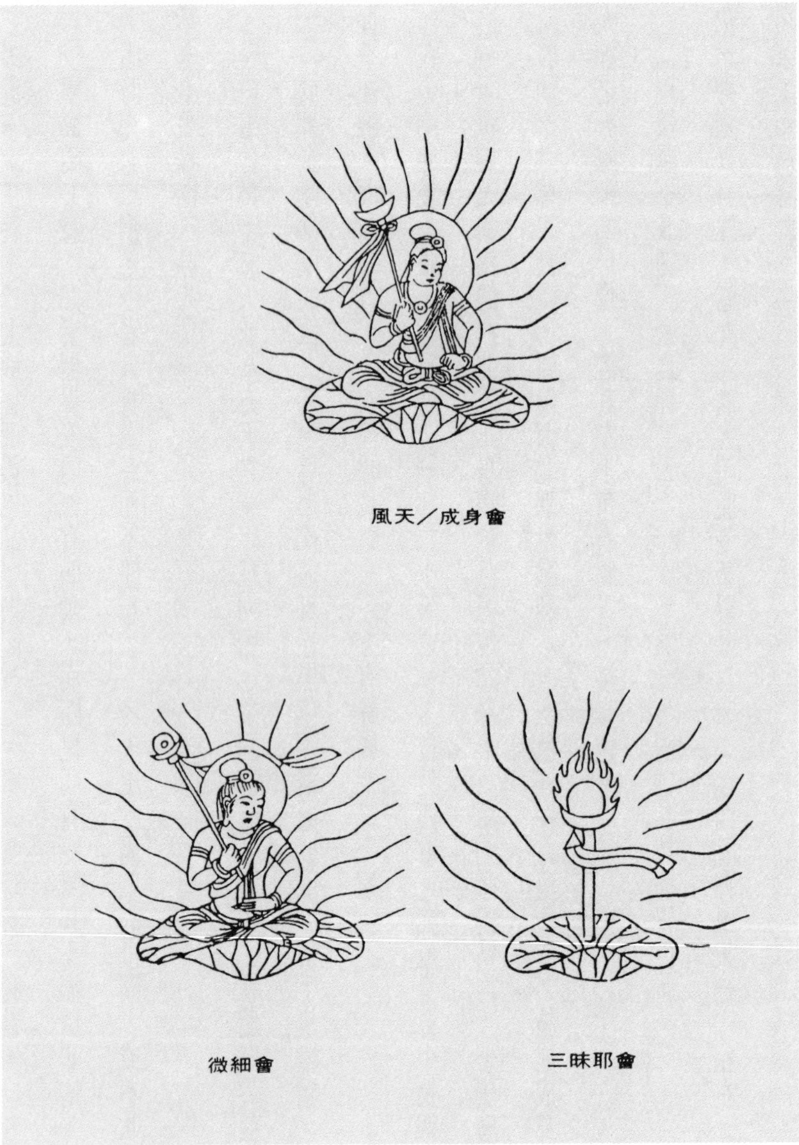

圖 43　風天（金剛界）

關於此天的形像，還有其它說法。如《金剛頂瑜伽護摩儀軌》云：「西北方風天，雲中乘麞著甲麞。左手托胯，右手執獨股頭創，創上有緋幡。二天女侍之並藥叉眾。」《十二天供儀軌》所述內容與此相同。

日天

日天（梵名 Sūrya、Āditya），梵名音譯作阿泥底耶，又作日神、日天子。在印度將太陽神格化稱作日天，後為太陽神（梵 Sūrya，音譯作蘇利耶）的別稱。又於《長阿含經》卷二十二〈世本緣品〉中說：「日宮行時，無數百千諸大天神在前導從，歡樂無倦，好樂捷疾，因是日天子名為捷疾。日天子身出千光，五百光下照，五百光傍照，斯由宿業功德，故有此千光，是故日天子名為千光。」佛教以之為居止於日宮的日天子。隸屬四天王。

依據〈世本緣品〉所記載，日天子因宿世以善心供養沙門、婆羅門，濟貧紓困，隨其所須不逆人意，而感得生於日宮的果報。

在八十華嚴卷一中，舉列有光焰眼天子、須彌光可畏敬幢天子、離垢寶莊嚴天子、勇猛不退轉天子、妙華纓光明天子、最勝幢光明天子、寶髻普光明天子、光明眼天子、持勝德天子、普光明天子等日天子尊名，並説其皆勤修習，利益眾生，增長其善根。

後世密教以日天爲十二天之一，被視爲大日如來爲利益眾生之故，住於佛日三昧，隨緣出現於世，破諸暗時，菩提心自然開顯，猶如太陽光照眾生，故稱爲日天。有惹耶（Jayā）、微惹耶（梵 Vijaya）二妃。現圖胎藏界曼荼羅列之於外金剛部院的東方，形像爲赤肉色，左右手各持蓮華，著天衣，乘五馬車，左右各有天后侍坐。在金剛界曼荼羅則位列外金剛部院二十天之一，位在南方。

在〈世本緣品〉中並描述日天子所處日宮殿，寒溫和適，天金所成，頗梨間廁。二分天金，一分頗梨，純真無雜外內清徹，光明遠照。日宮縱廣五十一由旬，宮牆及地薄如梓柏。

宮牆七重，七重欄楯、羅網、寶鈴、行樹，周匝校飾，以七寶成。樓閣臺觀、園林浴池，次第相比，生眾寶華行行相當，種種果樹華葉雜色，樹香芬馥周流

圖 44　日天

四遠，雜類眾鳥相和而鳴。

其日宮殿爲五風所持：一曰持風，二曰養風，三曰受風，四曰轉風，五曰調風。日天子所止正殿，純金所造，高十六由旬，殿有四門，周匝欄楯。日天子座縱廣半由旬，七寶所成，清淨柔軟猶如天衣。日天子自身放光照于金殿，金殿光照于日宮，日宮光出照四天下。

又說，其享壽五百天歲。其外出時有諸大天神爲其前導，歡樂不倦。

月天

月天（梵 Candra），音譯作旃陀羅、戰達羅。即住在月宮殿之天王，爲月亮的神格化。又稱月神、月天子、名月天子、月宮天子、寶吉祥天子等。自古以蘇摩（Soma）聞名，後被視爲和太陰（月）相同，或稱爲蘇摩提婆（Soma-deva）。同時也是星宿之一，被稱爲星宿王（Naksatra-nātha）、創夜（Niśā-kara）、大白光（Śītāṅśu）、冷光（Śīta-marīci）、野兔形（Śaśin）、鹿

圖 45　月天

形（Mṛgāṅka）等，又有因荼（Indu）、蓮華主（Kumuda-pati）、白馬主（Śveta-vājin）、濕波神的頭飾（Śiva-śekhara）等異稱。

而在《法華經》卷一〈序品〉則記載，釋提桓因的眷屬有名爲月天子（Candra-deva-putra）者。《法華經玄贊》卷二云：「大勢至名寶吉祥，作月天子，即此名月。」此乃承自《須彌四域經》的說法，謂阿彌陀佛遣寶應聲、寶吉祥二菩薩造日月，所以月天又被視爲大勢至菩薩的應化身。

依《長阿含經》卷二十二等所說，月天子住於月宮殿中，其宮殿有一大輦，由青琉璃製成，高十六由旬，廣八由旬。月天子在此輦中，與諸天女共以種種五欲功德和合受樂。其壽五百歲，子孫相承擁有月宮。其身出千光明，五百光下照，五百光傍照，因此又有千光明、涼冷光明等別名。以過去修布施、持戒等善業功德而得生月宮殿中，受諸樂果。

在八十卷《華嚴經》卷一中，列有華王髻光明天子、衆妙淨光明天子、安樂世間心天子、樹王眼光明天子、示現清淨光天子、普遊不動光天子、星宿王自在天子、淨覺月天子、大威德光明天子等月天子的尊名，並說這些月天子皆勤顯發眾生心寶。

關於此尊尊形，依《往世書》（Purāṇa）神話等所說，月神駕三輪輦輿，輒之左右各有五頭白馬。

而在密教中則視月天爲擁護佛法的天部之一，屬十二天之一。安置於胎藏界外金剛部院西方。《大日經》卷一〈具緣品〉中說：「月天，是等依龍方畫之。」《大日經疏》卷五記載：「西門之南，與日天相對應置月天，乘白鵝車。」形像作身白肉色，乘坐於三鵝上，左手當胸，右手於腰際執杖，杖端有半月形。但《圖像抄》卷九的圖形略有不同，爲右掌安腰，左手持滿月形當胸。

此天之側有妃，坐荷葉座，左手持青蓮華，右手的中、無名、小三指稍屈當胸。此妃乃源自阿闍梨所傳的曼荼羅圖位。

金剛界曼荼羅將此天安置於金剛界畔外側的南方，位於日天與金剛食天中間。形像作童子形，身白肉色，左拳安腰，右手當胸持半月形。

又，《供養十二大威德天報恩品》云：「月天喜時冷光增物，人無熱病。瞋時皆捨矣。」

三光天子

三光天子，指日天子、月天子與明星天子。

依《法華經》卷一〈序品〉所述：「復有名月天子、普香天子、寶光天子、四大天王，與其眷屬萬天子俱。」而《法華經文句》卷三（下）則說，名月等三天子，是帝釋的內臣，有如卿相；或說是三光天子，即名月是寶吉祥月天子，爲大勢至菩薩所化現；普香是明星天子，乃虛空藏菩薩所化現；寶光是寶意日天子，由觀世音菩薩所化現。

《法華玄贊》卷二則記載：「三光乃是四王天攝，便無別天。有經：觀音名寶意，作日天子，即此寶光；大勢至名寶吉祥，作月天子，即此名月；虛空藏名寶光，作星天子，此名普香。日宮，火精作，徑五十一踰繕那；月宮，水精作，徑五十踰繕那；星亦水精作，極大者十八乃至小者四俱盧舍，一俱盧舍三里餘，此並空中旋繞四洲。」

圖 46　明星天子

但是梵文《法華經》與此相當之處，則列舉有月天子（Candra deva-putra）、日天子（Sūrya deva-putra）、普香天子（Samanta-gandha deva-ptutra）、寶光天子（Rathap-rabha deva-putra）、光明天子（Avabhāsap-rabha deva-putra）等五天子的尊名。由此可見，除了被中國註經家配爲日天子的寶光天子之外，應還有另外的日天子。

韋馱天

韋馱天（梵名Skanda），佛教的守護神。梵名又音譯作塞建陀天、私建陀天、犍陀天、建陀天、素健天，也稱作違馱天、違陀天。在中國常被稱爲韋陀將軍。

然或有說違馱之「違」（或韋），乃「建」之誤寫。因如依其梵名Skanda，則應音譯爲私建陀。所以在《慧琳音義》卷二十五中也說：「違陀天，譯勘梵音云私建陀提婆。私建陀，此云陰也；提婆，云天也。但建、違相濫故，筆家誤

圖 47　韋馱天

耳。」

《金光明經》卷三〈鬼神品〉中說：「釋提桓因及日月天，閻摩羅王、風水諸神、違馱天神及毗紐天，大辯天神及自在天、火神等神，大力勇猛，常護世間」，又《大般涅槃經》卷七記載：「爲欲供養天神故入天祠，所謂梵天、大自在天、違陀天、迦旃延天。」

此天神原爲印度婆羅門教之一神，爲濕婆或阿耆尼之子，後爲佛教所攝受，與摩醯首羅等共爲佛教護法神。與唐宋以來我國所傳的韋琨將軍，並非同爲一神。在後世，我國佛教徒漸將印度的韋馱天與道宣夢感之韋將軍混而爲一，乃形成國人所傳敬的韋馱菩薩。

依我國佛教界所傳，此神姓韋名琨，又稱韋天將軍。屬南方增長天王手下八將之一，也是四天王三十二將中的首將。是僧團、寺院及齋供中最著名的護法神。唐朝的道宣以爲：韋將軍係諸天之子，童真梵行，主領鬼神。在佛陀即將涅槃時，韋將軍曾得到佛陀的咐囑，以護持佛法，鎮守東勝身洲、西牛貨洲、南贍部洲三洲。有關佛教的爭鬥陵危情事，他一得消息必定親往弭平。對於魔子魔孫的惑亂比丘，他也都栖遑奔赴，應機除魔。相傳佛陀涅槃時，有捷疾鬼盜取佛牙一雙，韋馱天乃急追取還。凡此種種，使天界的四天王對他都極爲敬重，每次韋陀將軍一到，天王都會起立相迎。

有關其尊形，一般皆身著甲胄，雙手合掌，腕捧寶劍。於我國，自唐初之道宣律師感得其像後，各處之伽藍均設有其神像。

大黑天

大黑天（梵名 Mahākāla），密教守護神之一。音譯爲摩訶迦邏、莫訶哥羅，意譯爲大黑或大時，又稱摩訶迦神，或摩訶迦羅神、大黑神、大黑天神、嘛哈嘎拉。

印度教以此神爲濕婆神（Śiva）的別名，或爲濕婆之后突迦的化身（或侍者），主破壞、戰鬥；佛教則視之爲大自在天的化身，或是毗盧遮那佛的化身等，諸說不一，略述如下：

(1)《大日經疏》等以此天爲毗盧遮那佛的化身，即降伏荼吉尼的忿怒神。《大日經疏》卷十謂：「毗盧遮那以降伏三世法門，欲除彼故化作大黑神。」

(2)以此天神爲摩醯首羅的化身，亦即塚間神、戰鬥神。在《仁王護國般若波羅蜜多經》卷下〈護國品〉中說：「乃令斑足取千王頭，以祀塚間摩訶迦羅大黑天神。」唐．良賁於《仁王護國般若波羅蜜多經疏》卷下記述：「言塚間者，所住處也。言摩訶者，此翻云大。言迦羅者，此云黑天也。（中略）大黑天神，鬥戰神也，若禮彼神增其威德，舉事皆勝，故嚮祀也。」良賁且引不空三藏的說法，認爲大黑天神是摩醯首羅所化現，與諸鬼神無量眷屬常在夜間遊行林中，食生人血肉，有大力，所作勇猛，於戰鬥等法皆能得勝，所以大黑天神即戰鬥神。

(3)以此天爲藥叉王，爲波羅奈國的守護神。據《大方等大集經》卷五十五〈分布閻浮提品〉所載，大黑天女與善髮乾闥婆等俱護持養育波羅奈國。不空譯《佛母大孔雀明王經》卷中也有：「大黑藥叉王，婆羅拏斯國。」的記載。

(4)《玄法寺儀軌》卷二，列出暗夜神（即黑闇天）的真言，其下註爲大黑天神。此即以大黑天神爲黑闇天。

圖 48　大黑天

(5)以此天爲財福神，司飲食。依《南海寄歸內法傳》卷一〈受齋軌則〉所載：「又復西方諸大寺處，咸於食廚柱側，或在大庫門前，彫木表形，（中略）黑色爲形，號曰莫訶哥羅，即大黑神也。古代相承云：是大天之部屬，敬愛三寶，護持五眾，使無損耗，求者稱情。但至食時，廚家每薦香火，所有飲食隨列於前。（中略）淮北雖復先無，江南多有置處，求者效驗，神道非虛。」

此外，日本諸寺根據《南海寄歸傳》所說，盛行於庫廚安置二臂大黑天像。後世更以之爲七福神之一，認爲其乃授與世間富貴官位之福神，崇信之風頗盛。東密相傳，此尊係大日如來爲降伏惡魔所示現的忿怒藥叉形天神，藏密則傳爲觀世音菩薩所顯化的大護法。爲東密及藏密均相當重視的修法本尊。

此尊統領無量鬼神眷屬，且長於隱形飛行之藥術，因此能在戰爭時，加護誠心祈求的眾生。更能使食物經常豐足，因此印度寺院與我國江南民間，常可見於廚房祀奉大黑天。而墳場中也常祀奉此尊。又相傳此神及其眷屬七母女天，能予貧困者以大福德。因此大黑天兼具有戰鬥神、灶神、塚間神與福德神四種性格，相當受到崇仰。

圖 49　福神造形的大黑天

關於此尊尊形，在《慧琳音義》卷十中描述其爲八臂，身青黑雲色，二手於懷中橫把三戟叉，右第二手捉青羖羊，左第二手捉一餓鬼頭髻，右第三手把劍，左第三手執朅吒罔迦（Katabhaṅga），即髑髏鐘，爲破壞災禍的標幟，後二手各於肩上共張一白象皮如披勢，以毒蛇貫穿髑髏以爲瓔珞，虎牙上出，作大忿怒形，足下有地神女天，以兩手承足。

另依《大黑天神法》所載，作青色三面六臂，最前面的左右手橫執劍，左次手提取人之髮髻，右次手執牝羊，次二手於背後張被象皮，以髑髏爲瓔珞。在胎藏現圖曼荼羅中之尊形與此所載相同，除羊與人頭左右相反。

而《最勝心明王經》說，大黑天被象皮，橫把一槍，一端穿人頭，一端穿羊。《南海寄歸傳》則說是神王形，把金囊，踞於小牀而垂一腳。

總約而言，關於此尊的尊形，通常有二種，一種現忿怒形，如現圖胎藏界曼荼羅外金剛部所載，其身現黑色，坐在圓座上，火炎髮上豎，三面六臂。右第一手執偃月刀，二執骨念珠，三執小鼓。左第一手執天靈蓋，二執三叉戟，三執金剛繩，左右方之上雙手握住一張展開的象皮。另一種則是福神的造形，作凡人貌，頭戴圓帽，背負一囊，持小槌，踏米袋。在修法時，忿怒形多用在作降魔、調伏法時；福神則主求福德之時所奉。

修習東密與藏密的人，對大黑天法頗爲重視，其多於祈禱爲行者除魔，修行勝利成就與求福德時所修。另依〈大黑天神法祕密成就次第〉所載，此法至爲祕密，非入室弟子不傳，甚至於付予萬金也不輕傳。

⊙藏密瑪哈嘎拉

此尊於藏密中稱爲瑪哈嘎拉，爲重要的護法主尊。各派所傳形像不一，性質皆異，如：

(1)薩迦派二臂大黑天：又名刑羅主大黑天，乃由元代八思巴帝師傳入宮廷。一面二臂，頭戴五骷髏佛冠，鬚髮紅赤上揚，身藍黑色，右手持金剛鉞刀，左手持顱器，兩手捧杖刀，刀內隱有神兵無數。主要在護持喜金剛行者。

(2)四臂大黑天：傳爲勝樂金剛的化身，身青藍，持杵、劍、戟及嘎巴拉，有雙身相者。主在護持大手印行者。

圖 50　藏密瑪哈嘎拉

(3)六臂大黑天：有黑、白等。黑色爲香巴噶舉及格魯派的主護法，手持鉞刀、小鼓、人骨念珠及顱器、三叉、金剛繩。

(4)白色六臂大黑天：爲財神之一，手持摩尼寶、鉞刀、小鼓及三叉、顱器等，威神甚大。

深沙大將

深沙大將，又稱深沙神、深沙神王、深沙大王、深沙大聖或深沙菩薩等。爲除滅災難、保護修行者的護法神。

在《常曉和尚請來目錄》中說：「深沙神王像一軀，……唐代玄奘三藏遠涉五天，感得此神。此是北方多聞天王化身也。今唐國人總重此神，救災成益，其驗現前，無有一人，不依行者。寺裏人家皆供此神，自見靈驗，實不思議。」這裡所說的玄奘渡西天時感得此神者，在《大慈恩寺三藏法師傳》卷一中詳載有這一段驚險感人的故事。

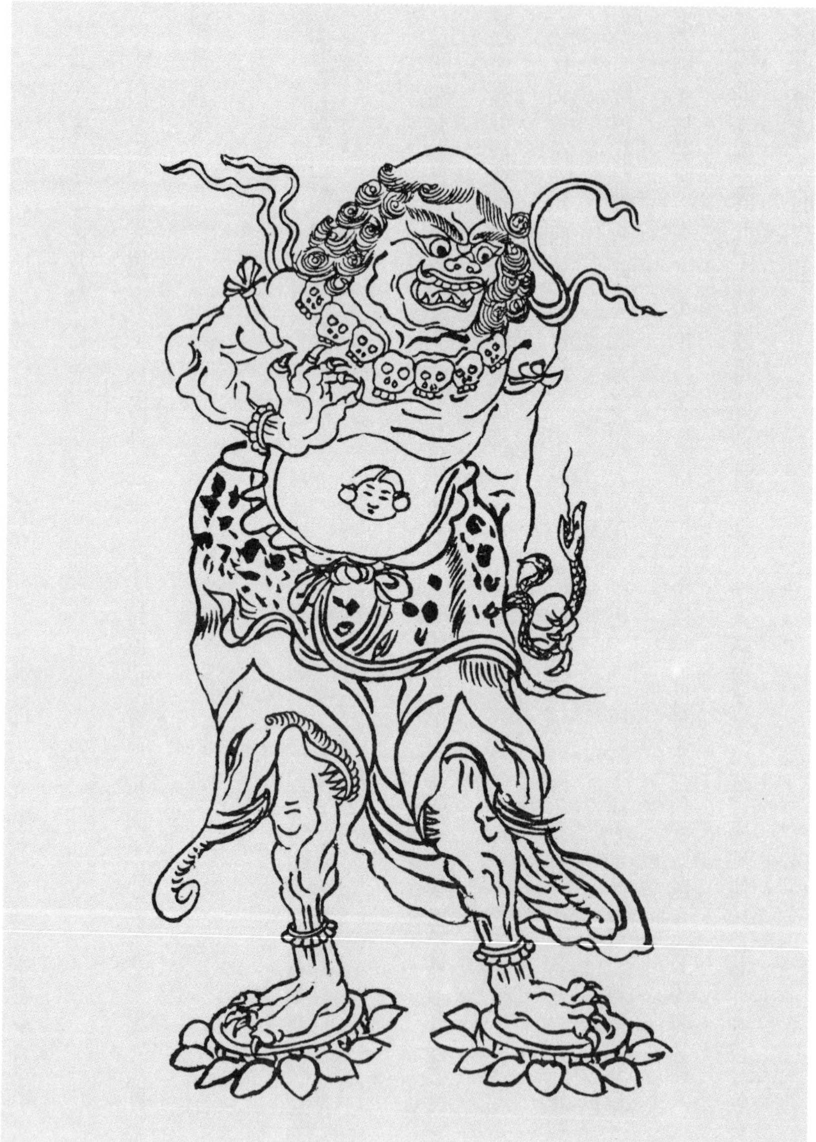

圖 51　深沙大將

據載當時玄奘法師涉沙河，四顧茫然，人鳥俱絕，夜則妖魑舉火，爛若繁星；晝則驚風擁沙，散如時雨。玄奘大師雖然遭遇如此孤絕困頓的境遇，仍心無所懼。但是苦於飲水已用盡，乾渴不能再前行。當時，玄奘大師接連四夜五日無一滴水沾喉，口腹乾燋，幾乎命絕，無法再能進。

當法師奄奄一息躺臥沙間時，心中仍不棄捨西行求法的志願，心中默念觀音菩薩，並志心向菩薩祈請，心心無輟。直到第五天夜半，忽然感到有涼風觸身，清冷舒快如沐寒水。法師遂得目明，所乘之馬亦能站立。法師身體稍稍安適之後，不知不覺就睡著了。於睡中卻夢見一巨大神神身長數丈，執戟麾曰：「法師何不強行而更臥也！」

玄奘大師驚醒後便策馬前行，行約至十里時，馬兒忽然不受控制地往他路行去，經數里，忽然見到有青草數畝，又見到一池水，甘澄鏡澈，玄奘大師這才找到水源，人馬俱得蘇息，才能繼續西行求法。據傳這位神人即是深沙大將。

其形像有種種不同傳說，在《圖像抄》第十卷中說，此神有二種形像，一種是左手捉青蛇，右手屈臂，於右胸前揚掌，向其虔敬祈請能治癒疾病，神妙特異

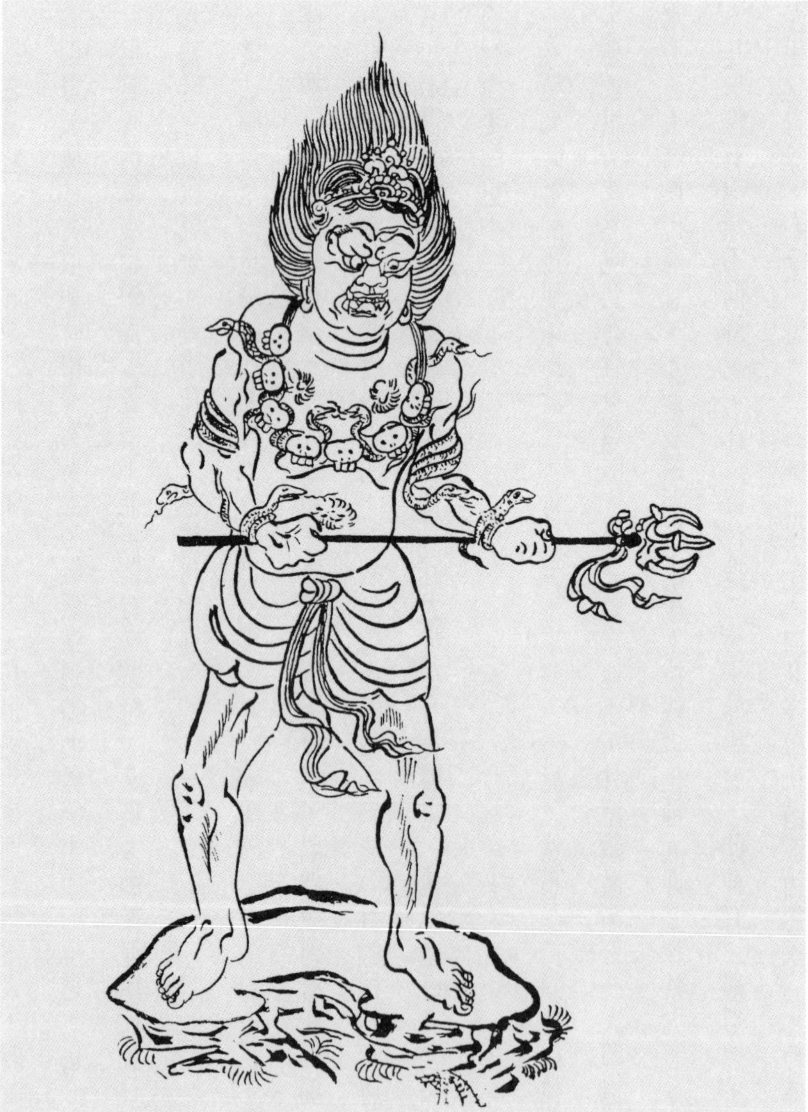

圖 52　深沙大將

。另一種則二手相合捧鉢，鉢盛白飯。而在《覺禪鈔》〈深沙神卷〉中則說此神形甚醜，若有見者，心神迷惑。又說深沙王者，毗沙門天王侍者，爲七千藥叉的上首也。且描述其尊形爲：頭爲火炎，口爲血河，以髑髏爲頸瓔珞，以畜皮爲衣，以象皮面爲袴膝，以小兒爲腹臍，足踏蓮花。

此神或說爲蒙古之神王，或說爲毗沙門天之化身，也有傳說是觀世音菩薩所現，或是伎藝天女的應化等，諸說不同。

七母天

七母天，又稱七摩怛里天、七母女天、七姊妹、七母。在《大日經義釋》卷十列此七母尊名爲：左悶拏、嬌吠哩、吠瑟拏微、嬌麼哩、燕捺利、咾捺哩、末羅呬弭。據《大日經》卷一〈具緣品〉所記載，此七母爲焰摩天眷屬。

然而，在《理趣釋》卷下，卻認爲七母是摩訶迦羅天（Mahākala，大黑天）的眷屬。《理趣經》的註疏大多依《理趣釋》之意，所舉列的七母尊名與《大日經義釋》所列相同。但在《理趣經》的異譯本《最上根本大樂金剛不空三昧大教王經》卷三〈外金剛部儀軌〉中，則列出勞捺哩、沒囉吽彌、吠瑟弩尾、憍摩哩、哥哩、摩賀哥哩、薄叉尼、囉刹細等八摩怛哩之名，其中只有前四者與前述相同。

將七母當作是大黑天眷屬，應是源自大黑天率領此等七母降伏暗陀迦阿修羅的故事。七母爲眾多女神中的主要者，單視之爲焰摩天或大黑天之眷屬，應是限於時代或地方性的因緣所致。

七母共通的真言是「南麼三曼多勃喃忙怛履弊莎訶（namaḥ samanta buddhānāṃ mātṛi bhyaḥ svāhā）」印相是左手爲拳，豎姆指，作鎚印。

十二天

十二天爲東方帝釋天（Indra）、東南火天（Agni）、南方焰摩天（Yama）、西南羅刹天（Nairiti）、西方水天（Varuṇa）、西北風天（Vāyu）、北方毗沙門天（Kubera）、東北伊舍那天（Icāna）等八方天，再加上上方梵天（Brahmā），下方地天（Prithivi）合爲十天。以上十天加上日天（Aditya）、月天（Candra），合計共爲十二天。

此十二天神，在密教爲護世天部的十二尊。爲一切天、龍、鬼神、星宿、冥宮的統領者，及守護方位的守護神，原是古代印度神話的天神。

在《供養十二大威德天報恩品》說：「是十二天乃是往古諸佛，爲度眾生而來現也。」

此十二天之中，帝釋天爲蘇迷盧等，一切諸山所攝天鬼之主；火天爲火神及諸持明神仙眾之主；焰摩天爲五道冥宮太山府君、司命、行疫神、諸餓鬼等之主；羅刹天爲羅刹、食血鬼眾之主；水天爲川流、江河、大海龍眾之主；風天爲風神無形流行神之主；毗沙門天爲藥叉呑食鬼神之主；伊舍那天爲魔眾之主，梵天爲色界靜慮一切諸天之主；地天爲地上諸神及樹下野沙諸神之主；日天爲星眾七曜諸執、遊空一切光神之主；月天爲住空二十八宿、十二宮神、一切宿眾之主。

密教中有修供養此十二天之法，稱爲十二天法，或十二天供。其供養的方法

水天

羅刹天

焰摩天

火天

帝釋天

伊舍那天

圖 53-1　十二天

月天

日天

地天

梵天

毗沙門天

風天

圖 53-2 十二天

及主尊，隨所求不同而有區別，如修息災法以帝釋天爲主，增益法以梵天爲主，降伏法以伊舍那天爲主，敬愛法則以毗沙門天爲主。因爲這十二天是總攝一切諸天鬼神的護世者，所以如果能如法虔敬供養，便能免除種種災厄，獲且得利益。

日本京都國立博物館所收藏之十二天像，爲一組十二幅之畫像，每幅一尊，是宮中真言院舉行後七日御修法時所使用的。相傳西大寺本，也是平安前期宮中所用之物。平安中期以後，傳法灌頂時所用的十二天屏風，爲六層折疊的十二扇大屏風，每扇各畫一天之立像，其以教王護國寺等所傳者爲佳。

另外，在十二天曼荼羅中，由於是以四臂的不動明王爲中尊，所以又稱爲不動曼荼羅。

二十天

二十天指的是二十位天神，一般有以下二種說法：

1. 守護眾生，護持佛法的二十位天神：

此二十天為《諸天傳》依天台《國清百錄》〈光明鬼神品〉所列者，為天台宗寺院所供奉。有：

(1)梵天王：為娑婆界主，主大千世界。
(2)帝釋天主：在須彌山頂，即忉利天主。
(3)持國天：即提頭賴吒，為東方天王。
(4)增長天：即毗留勒叉天王，為南方天王。
(5)廣目天：即毗留博叉天王，為西方天王。
(6)多聞天：即毗沙門天王，為北方天王。
(7)金剛密跡天：手中執金剛寶杵，省知如來一切密跡秘要之事。
(8)摩醯首羅天：居色頂天，為三界尊極之主。
(9)散脂大王：為二十八部諸鬼神之首，能滅諸惡，護持正法。
(10)大辯天：具不可思議大智慧，接物利生，弘揚佛法。
(11)功德天：隨眾生所求，令得成就。
(12)韋馱天神：為南方天王八將之一，殷憂四部，外護三洲，守護佛法。

⒀堅牢地神：能增長出生，證明功德。
⒁菩提樹神：守護如來成道處的菩提樹。
⒂鬼子母天：生諸鬼王，保護眾生，予以子息。
⒃摩利支天：行於日月之前，救兵戈等難。
⒄日宮天子：能生千光破暗，成熟萬物。
⒅月宮天子：夜發光明，滋萬物，功次於日光。
⒆娑竭龍王：大鹹海中的龍王之一，爲蛇龍之主，傳係大權菩薩化現，弘護佛法使興隆。
⒇閻摩羅王：地獄之主。

2.密教金剛界曼荼；羅外金剛部院之諸天：

即金剛界曼荼羅九會中，成身、三昧耶、微細、供養、降三世、降三世三昧耶等六會最外部所列的天部，於東西南北四方，各配五天。

此外，有將二十天分爲上界天、飛行天、虛空天、地居天、水居天五類，而稱之爲五類諸天。《教王經》則在三界主的上界天上，加上大自在天，成爲二十一天。

關於二十天的尊名和座位，在不同經軌及傳承中互有差異。如在《一切如來真實攝大乘現證三昧大教王經》、《現圖曼荼羅》、《秘藏記》、《賢劫十六尊軌》等，都有不同記載。

二十天尊名對表

	教王經	現圖曼荼羅（方位）	秘藏記	賢劫軌
上界天	那羅延—幻化金剛（Narayana Mayavajra）	那羅延天（東）	同	同
	拘摩羅—金剛鈴（Kumara Vajraghaṇṭa）	拘摩羅天（東）	同	同
	梵天—寂然金剛（Brahma Vajramuṇi）	梵天（東）	同	同
	帝釋—金剛器仗（Śakra Vajrayudha）	帝釋天（東）	同	同

二十天尊名對表

	教王經	現圖曼荼羅(方位)	秘藏記	賢劫軌
飛行天	甘露軍荼利——金剛軍荼利（Amritakuṇḍali Vajrakuṇḍali）	日天（南）	同	同
	月天——金剛光（Candra Vajraprabha）	月天（南）	同	同（西）
	大勝杖——金剛杖（Mahadaṇḍa Vajradaṇḍa）	彗星天（南）	太白（西）	歲星（西）
	金剛冰誐羅（Vajrapiṅgaia）	熒惑天（南）	同	同
虛空天	末度末多——金剛舜拏（Madhumatta, Vajrachinna）	金剛摧天（東）	傘蓋毗那夜迦	摧碎
	作甘露——金剛（Madhukara Vajramala）	金剛食天（南）	華鬘毗那夜迦	金剛食
	最勝——金剛愛（Jaya Vajravaci）	金剛衣天（西）	弓箭毗那夜迦	金剛衣
	持勝——最勝金剛（Jayakara Vajrajaya）	調伏天（北）	抱刀毗那夜迦	調伏

二十天尊名對表

	教王經	現圖曼荼羅（方位）	秘藏記	賢劫軌
地居天	守藏——金剛母娑羅（Dhanada Vajramusala）	羅刹天（西）	同（南）	同（西）
	風天——金剛風（Vayu Vajraṇila）	風天（西）	同	同（北）
	火天——金剛火（Agni Vajraṇala）	火天（西）	同	同（南）
	俱尾羅——金剛大惡（Kuvera Vajrabhairava）	毗沙門天（西）	同	同（北）
水居天	縛羅賀——金剛鉤（Varaha Vajraṇkuca）	金剛面天（北）	同	同
	焰摩——金剛葛羅（Yama Vajrakala）	焰摩天（北）	同	同（南）
	必哩體尾祖梨葛——金剛頻那夜迦（Pṛithiviculika Vajravinayaka）	歡喜天（北）	同	伊舍那
	水天——龍金剛（Varuṇa Vajraṇaga）	水天（北）	同	同（西）

第3篇

龍部

第一章 緒論

在龍部的族群中，經常可以看到許多龍王，帶領著眷屬，護持佛法。

在《佛母大孔雀明王經》中說，龍王有時行於地上，也常居於空中，恆常住在勝妙高山或在水中。至於他們的形貌，或有一首、二頭，乃至於多頭的龍王，或有無足、二足、四足，乃至多足的龍王。

而在《法華經》中提到，佛陀說法時，有難陀、跋難陀、娑伽羅、和修吉、德叉迦、阿那婆達多、摩那斯、優鉢羅等八大龍王來聽法。而《瑜伽師地論》中也記載，七金山八功德水中的龍宮住有持地、歡喜近喜、馬騾、目支鄰陀、意猛、持國、大黑、醫羅葉等八大龍王。

補沙毗摩大龍王

蘇摩那龍王

縛蘇枳龍王

圖 54 諸尊龍王

在諸尊龍王中，以五大龍王及八大龍王最爲著稱。

五大龍王又稱爲五類龍王，分別是指：1.善住龍王（梵名 Susamsthita-nāga-rāja），2.難陀波難陀龍王（梵名 Nandopananda-nāga-rāja），3.阿耨達龍王（梵名 Anavatapta-nāga-rāja），4.婆樓那龍王（梵名 Varuṇa-nāga-rāja），5.摩那蘇婆帝龍王（梵名 Manasvi-nāga-rāja）。此五大龍王依次爲一切象龍、蛇龍、馬龍、魚龍及蝦蟇龍之主，由於歸依佛陀的威神力，行大乘之法，精進修行，約束眷屬，不得對眾生作出種種嬈害之事。

八大龍王是指八位龍王，乃是列於《法華經》法會座上的護法善神。此八位龍王，即：1.難陀龍王（梵名 Nanda），意譯爲歡喜龍王，乃護法龍神的上首。2.跋難陀龍王（梵名 Upananda），意譯爲賢喜龍王，又稱優波難陀龍王，與難陀龍王爲兄弟。3.娑伽羅龍王（梵名 Sāgara），意譯爲海龍王，又稱娑竭羅龍王，爲古來請雨法的本尊，也是觀音二十八部眾之一。4.和修吉龍王（梵名 Vasuki），意譯爲寶有龍王、寶稱龍王、多頭龍王、九頭龍王，又稱婆修豎龍王、筏蘇枳龍王。能繞妙高山，並以小龍爲食。5.德叉伽龍王（梵名 Takṣaka

圖 55 《請雨經》曼荼羅

），意譯爲多舌龍王、兩舌龍王、視毒龍王、現毒龍王、能損害者龍王。以怒視即可使人畜即時命終。6.阿那婆達多龍王（梵名Anavatapta），意譯爲無熱惱龍王，又稱阿耨達龍王。住於雪山頂之阿耨達池。7.摩那斯龍王（梵名Manas-vin），意譯爲大意龍王、高意龍王、慈心龍王、大力龍王、大身龍王，又稱摩那蘇婆帝龍王。8.優婆羅龍王（梵名Utpalaka），意譯爲青蓮龍王。因住於青蓮華池而得此名。

《佛母大孔雀明王經》卷中更舉出佛世尊龍王以下，乃至小白龍王等一百六十餘種龍王的名稱，而且說這些皆是具足福德的龍王，如果能稱念其名，則能獲得廣大利益。這些龍王在大地上，有時發出震響，有時放出光明，或降甘霖，使苗稼成熟。在《大雲輪請雨經》中也提到難那龍王，乃至尾羯吒等龍王，並說這些龍王各自有陀羅尼，能夠施予一切眾生安樂，於贍部洲依時序降注甘雨，使一切樹木叢林藥草苗稼皆得增長。而除了龍王之外，龍女、龍子也是經典中極特殊的一群，在《海龍王經》提到海龍王有子名爲威首，獲佛授記。而海龍王有女名寶錦，亦獲佛授記。此外，《法華經》中有龍女成佛的故事，更是耳熟能詳。

圖 56　難陀與優波難陀龍王兄弟

關於龍的種類，《翻譯名義集》卷二中說：龍有四種，一守護諸天宮殿，護持使其不落下；二興雲降雨，利益人間；三地龍，決江開瀆；四伏藏，守護轉輪王大福人間寶藏。其中並提到投生於龍族中的因緣有四種：1.多布施，2.瞋恚，3.輕慢他人，4.自貢高。

龍王所居住之處稱爲龍宮。在《長阿含經》中說到龍宮的情景：「大海水底有娑竭龍王宮，縱廣八萬由旬，宮牆七重，七重欄楯，七重羅網，七重行樹，周匝嚴飾皆七寶成，乃至無數衆鳥相和而鳴。」

而在《正法念處經》中也提到德叉迦龍王的宮殿：「過軍闍羅山……有一大海，於海水下五百由旬，有龍王宮，種種衆寶以爲莊嚴，毗琉璃寶，因陀青寶，頗梨欄楯，七寶莊嚴，光明摩尼種種衆寶，莊嚴殿堂，重閣之殿，猶如日光，有如是等無量宮殿，德叉迦龍王以自業故，住此宮殿。」

亦有說佛法隱沒時，龍宮即爲護持、秘藏佛典的地方。相傳龍樹菩薩即是獲大龍菩薩接入龍宮，開七寶藏，授與諸方等深奧經典。

第二章 龍部諸尊

難陀龍王

難陀龍王（梵名 Nanda ）又譯作難途龍王、難頭龍王，意譯爲歡喜、喜。此龍王是八大龍王之一，爲優婆難陀龍王的兄弟。二者常並稱爲難陀婆難陀、難途跋難陀、難頭和難陀。在《法華經玄贊》卷二記載，此龍王善於順應眾生的心意，能調御風雨，深得世人歡喜，因而有喜龍王等名稱。

在《增一阿含經》、《大寶積經》中記載此龍王往昔，本性非常兇惡，後來被佛弟子目犍連示現神通而將之降伏。

在《過去現在因果經》、《法華經》、《大般涅槃經》、《華嚴經》中，都說此龍王為護法龍王的上首。

難陀龍王在密教中，位於現圖胎藏界曼荼羅外金剛部院中，南、西、北三門之內側右邊。其形像是全身肉色，背後有七龍頭。其中，安於南門內者，左掌叉腰，右手持劍當胸；安於北門內者，左手伸食指、彎屈餘指置腰，右手持劍當胸。三昧耶形為荷葉上的劍。安於西門內者，左手豎掌置腰，屈食、中、無名三指執輪索，右手持劍當胸。三昧耶形為荷葉上的索。

優波難陀龍王

優波難陀龍王（梵名 Upananda）為八大龍王之一，又稱為優婆難陀龍王、優鉢難陀龍王、跋難陀龍王、婆難陀龍王。意譯為延喜龍王、大喜龍王、賢喜龍王、重喜龍王。在《增一阿含經》記載，當時，佛陀在三十三天天宮為生母說法時候，優波難陀龍王看見許多與會的沙門飛行於三十三天，便生起瞋恚之心，於是放出大火風來阻止大眾，最後被大目犍連降伏。

優波難陀龍王為佛教護法龍神之一，常出現於佛陀說法法會之中。當初佛陀誕生於人間時，優波難陀龍王與其兄難陀龍王共同於虛空中吐出清淨之水，一溫一涼，來淋灌太子之身。鹿野苑薩爾那特舊址中，即有此一故事的雕刻。

在密教胎藏界曼荼羅中，此龍王位於外金剛部中的南、西、北三門內左邊。有七龍頭，右手持刀、左手持羂索，乘雲而安住。

阿耨達龍王

阿耨達龍王（梵名 Anavatapta），為八大龍王之一。音譯為阿那波達多龍王、阿那婆達多龍王、阿那婆答多龍王、阿那跋達多龍王，意譯為「無惱熱」或「清涼」。在一切馬形龍王中，阿耨達龍王的德行最為殊勝，也因為此福報而得居住於阿耨達池（無熱池），遠離其他龍族經常恐懼的三種過患：1.被熱風、熱沙著身，燒灼皮肉骨髓。2.龍宮內經常吹起暴風，將衣飾、寶物都吹走。3.被大鵬金翅鳥捕食。所以名爲阿耨達龍王。

娑伽羅龍王

娑伽羅龍王（梵名Sāgara-nāgarāja），爲八大龍王之一，亦爲觀音二十八部眾之一。音譯又作娑伽羅龍王、娑竭龍王、沙竭龍王，意譯海龍王。娑竭羅是海名，此龍王爲海中最尊勝故，所以名爲娑伽羅龍王。《起世經》卷五中記載：此龍王是金翅鳥王所不能捕取的，從來未曾被金翅鳥王之所驚動。在《長阿含經》卷十九中描寫其龍宮的樣貌：縱廣八萬由旬，宮牆有七重，七重欄楯，七重羅網，七重行樹，周匝嚴飾，皆是七寶所成，寶樹上常有無數眾鳥相互唱和而鳴。

此龍王之形象，依《千手觀音造次第法儀軌》所說，其身色赤白，左手執赤龍，右手握刀。

娑伽羅龍王係降雨之龍神，古來修祈請降雨之法時，常以之爲本尊。在《華

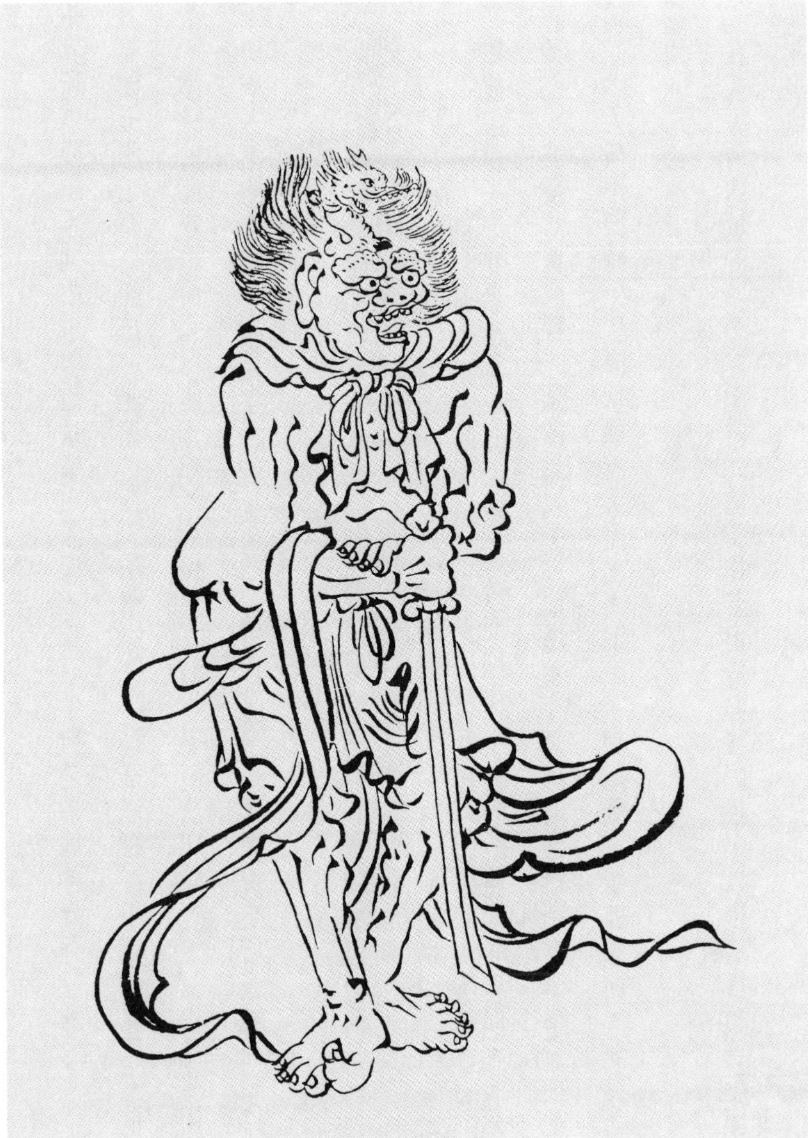

圖 57　娑伽羅龍王

嚴經》卷五十一記載：最殊勝的龍王娑竭羅，興起雲雨普遍覆蔭四天下，於一切處依其所需降下不同雨量，這是隨順因緣，其心中卻是平等，無有分別的。

娑伽羅龍王亦為護法之龍神，在《法華經》、《華嚴經》中都有此龍王前來聽法、護持的記載。而《海龍王經》、《佛為海龍王說法印經》、《佛為娑伽羅龍王所說大乘經》及《十善業道經》等經，都是佛陀特地為此龍王所宣說的經典。

瞿波羅龍王

瞿波羅龍王（梵名 Gopāla），為住於北印度那揭羅曷國龍窟的龍王。梵名音譯又作瞿波梨、瞿波囉，意譯為牧牛、地護。在《雜阿含經》卷二十三中記載：佛陀將入般涅槃時，曾降伏阿波羅龍王、陶師、旃陀羅、瞿波梨龍，並拜訪摩偷羅國。

在《大唐西域記》中，記載此龍王往昔由於心懷瞋恨，以供佛塔功德發願生為惡龍復仇。

後果投生爲那揭羅曷國之大龍王，要開始興起大禍害時被佛陀所降伏。

伊羅鉢多羅龍王

伊羅鉢多羅龍王（梵名 Elāpattra），又作醫羅鉢呾羅、伊那跋羅、伊羅鉢。或梵漢並稱爲伊羅葉、黳羅葉、翳羅葉。意譯爲香葉、藿香葉。

此龍王身跨波羅奈國及呾叉始羅國。其前世曾爲比丘，居伊羅樹林中，因犯「損伊羅樹葉、午後乞食」二戒，所以轉生爲龍身。其七頭上常生伊羅樹，常因膿血交流、蛆蟲嚼食而痛苦不堪。當時佛陀在波羅奈城教化此龍，告訴他，只有當彌勒佛出世時，他才能除此龍身，佛陀並以此警誡比丘勿行暴惡。後來有僧眾至伊羅葉龍王所居住的海岸，看見龍王自變化其身做爲蛇橋，供人畜通過。後來蛇脊破裂毀壞，血流如雨下，大海也因此染爲血紅色。

《大唐西域記》中也記載此龍王居住之池：大城西北七十餘里有醫羅鉢呾羅龍王池。周百餘步，其水澄清，雜色蓮華同榮異彩，故今彼土請雨祈晴，必與沙門共至池所，彈指慰問，隨願必果。」

此池之確實位置在北印度呾叉始羅國首府遺趾夏德利（Shab Dhcri）西北十餘哩處（即 Hasan Abda），今爲錫克（Sikh）教聖地。

摩那斯龍王

摩那斯（梵名 Manasvati），爲八大龍王之一。音譯又稱作摩那蘇婆帝龍，意譯作大身龍王、慈心龍王、高意龍王、大力龍王或大意龍王等。

此龍身長能繞須彌山七匝，故稱大身。又謂此龍王主降雨，將降雨時先起雲，待七日眾事均畢，然後降雨；因其興起雲雨時皆從慈心出，所以稱之爲慈心。在《法華文句》卷二中說：「修羅排海，淹喜見城，此龍（摩那斯）縈身以遏海水。」蓋其有威德，遂爲一切蝦蟇形龍之王。

倶利迦羅龍王

倶利迦羅（梵 Kulika），爲密教不動明王的變化身。又作倶利迦羅大龍、古力迦龍王、倶哩迦、矩里迦、句律迦、律迦大蛇、迦梨迦。依《陀羅尼集經》卷六所載，鳩利迦（Kulikah）有「具種」義，身暗褐色，頂上有半月。除了「具種」義外，另外有善族、種族首長等義。

依《倶利伽羅大龍勝外道伏陀羅尼經》所記載，當初不動明王於色界頂，與外道論師對論，並共現種種神通變化成智。當時不動明王變化成智火之劍，外道上首智達亦化成智火之劍。明王智火劍再變爲倶利迦羅大龍，吞外道智火劍，從口中出氣，如二萬億雷一時倶鳴，魔王外道聞之，皆心懷恐怖而捨棄邪執。

在《說矩里迦龍王像法》記載此尊形象，除了作龍身吞劍之形像外，也有作人形者：「其形如蛇，作雷電之勢，身金色，繫如意寶，三昧焰起，四足蹴蹹之形，背張豎七金剛利針，額生一支玉角，纏繞劍上，……若作人相者，面目喜怒

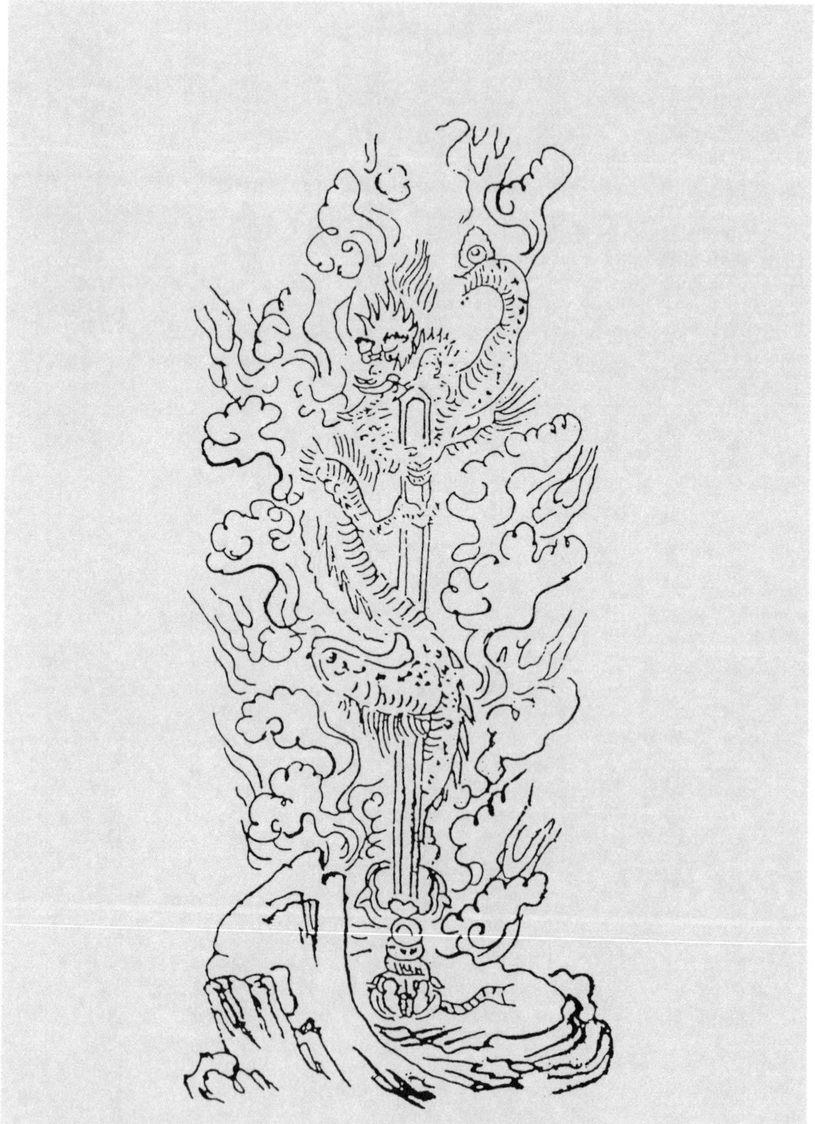

圖 58　俱力迦羅龍王

，遍身甲冑，猶如毗嚕博叉王，左托腰把索，右臂屈肘向上執劍，頂上置龍王蟠，立金剛山。」

此外，《俱利伽羅大龍勝外道伏陀羅尼經》說此龍王四足分別爲降三世、軍荼利、琰魔都伽、金剛夜叉四大明王。現今尊形以龍纏劍之像流佈最廣。

又，以此尊爲本尊之修法，能除病患、魔障等。在《不動使者陀羅尼祕密法》曾敘述此本尊之修法：「若欲使搶力迦龍王者，於壁上畫一劍，以古力迦龍王繞此劍上，龍形如蛇，劍中書阿字。心中亦自觀此劍及字，了了分明。心念不動使者誦一百八遍。一日三時滿六個月，多誦益好。若月滿已後，古力迦龍王自現。」

第三章 龍的故事

最先見到佛陀的文鱗龍王

佛陀初得道時，由於之前行苦行，吃得極少，所以身體非常虛弱，後來長者女即以金鉢盛百味粥供養之。

佛陀食粥糜時，心中念道：「之前三佛初得道時，皆有施主獻上百味之食，並上金鉢，就如同此器一般，這三個鉢現都在文鱗龍的住所。」於是佛即將鉢擲於水中，食鉢自然逆流而上而上達於七里，墮於前三佛之鉢上，四個鉢器累累相疊，幾乎相類如同一個般，文鄰龍王大爲歡喜，知道這個世間又有佛出世了。

佛陀在樹下入定七日，尚未有信士供養的因緣，樹神擔心佛陀餓壞了，便勸化五百商人供養佛陀。

於是四大天王各自化出一鉢，欲供佛盛食，佛陀就把這四鉢合成一鉢，接受了信士的供養，吃飽之後，起身到文鄰龍王所住的水邊，入於四禪以上的深定，連呼吸都停止了，如是七日。

文鄰龍王的年紀很大了，眼睛也瞎了，但這時由於佛陀的身光赫奕，光照水中，文鄰龍王的雙目忽然得以張開。看見自已的身影，就如同見到往昔三佛的光明，原來他的雙眼復明了！龍王歡喜地沐浴，用各種名香栴檀蘇合。出水之後，他看到佛陀的相好，光影如樹有華。龍王於是悄悄上前，身離佛周圍四十里，繞佛七匝。並以自已的七個龍頭，羅列覆於佛頂上。意欲爲佛陀覆蔭遮雨，及避免蚊虻來擾亂。

當時連著下了七天的雨。龍王一心守護佛陀，也不感到飢渴。七日雨停止之後，佛陀出定，龍王便化作年少道人，穿著妙好服飾，稽首問候佛陀：「佛陀，您是否有熱著？是否有冷著，是否有被蚊虻所擾亂呢？」佛陀以偈頌回答：

「久得在屏處，思道其福快，
昔所願欲聞，今以悉知快，
不爲彼所嬈，能安眾生快，
度世三毒滅，得佛泥洹快，
生世得睹佛，聞受經法快，
得與辟支佛，真人會亦快，
不與愚從事，得離惡人快，
有黠別真僞，知信正道快。」

佛陀又告訴龍王：「你當再自歸於佛，自歸於法，自歸於比丘僧。」龍王即受三自歸。因此，在諸畜生道中，龍是最先見到佛陀的。

佛陀與火龍

佛陀成道之後，首先度化了五比丘。接著佛陀又思惟：「此處有修行人，名爲迦葉，大明勇健，而且有好名聲，國王和官吏人民，皆與其共事之。這個迦葉與其五百弟子，就在尼連禪河邊，我應當先開示教化，令其信解歡喜，信樂佛法，如此，其眾人當隨而學之。」

佛陀如此思惟後，即前往迦葉住處。迦葉見到佛陀。即起身近前迎接，並贊歎說：「太好了！大道人善來，您近來可平安否？」

佛陀即回答：「無病是第一利益，知足爲第一富有，善友爲第一敦厚，無爲第一安樂。」

迦葉又說：「您親到此處，有何敕使呢？」佛陀回答：「假使您不介意的話，煩請商借火室，夜宿一宿。」迦葉回答：「這不太好吧！火室中有毒龍，恐怕相害。」佛陀說：「無妨，龍不能害我。」迦葉猶豫不決，佛陀如是三度向他商借。迦葉只好說：「好吧！你是大道人，德行高操，能居於其中，必有大善利。」佛陀沐浴之後，即進前入火室，持草布於地上，才安坐了一會兒，毒龍看見佛陀，心中瞋恚不能自已，於是身中出煙，佛亦示現神通，身中出煙。

龍更轉大忿怒，舉身皆出火。佛亦現神通，身出火光，龍火佛光，於是整個石室都燒起來了，石室火燄、煙霧沖天，就像失火一般。迦葉夜間起身，觀看星宿，看見火室洞然，不禁惋惜道：「唉！這個大沙門，威儀端正，可惜，不聽從我的勸阻，執意要住火室，現在果然被毒火所害。」

佛陀知道他的心意，在火室內，即以道神力，除滅惡龍瞋恚之毒，降伏了龍身，將之化爲極小置於鉢中。迦葉及眾人，在火室外只見火煙瀰漫，也搞不清狀況，倉惶之中，即令五百弟子每人持一瓶水，擲入滅火，豈知火越澆越大，師徒心中更加恐怖，都議論紛紛的說：「糟了，殺害了如此大沙門！」

次日清晨，佛陀持鉢盛著火龍走出石室，迦葉看佛毫髮無傷，驚喜地問：「大道人，你竟然還活著啊！你的鉢裡裝了什麼呢？」佛陀回答：「我當然還活著。鉢中裝的，可以說是毒龍吧！也就是眾人所畏懼，不敢進入火室的原因。現今此龍已被降伏，並已受戒了。」

迦葉自以爲已得道，並不把佛陀的話當真，於是回頭告訴弟子：「這個大沙門雖然極神妙，但乃未證道，不如我證得羅漢也。」後來又經過許多次因緣，迦葉對佛陀才心服口服，皈命佛陀，而成沙門。

目連降伏龍王的故事

在《增一阿含經》中曾記載難陀、優波難陀龍王的故事。

當時佛陀在三十三天天宮爲其生母說法時，閻浮提的國王、人民皆相雲集，而許多具足神通的大比丘僧，更以神足通飛往三十三天，一時之間虛空變得好不熱鬧。

正當大眾歡歡喜喜前往聽法時，優波難陀龍王和他的哥哥難陀龍王，看到許多沙門在自己頭上飛來飛去，心中感到不太痛快：「這些禿頭沙門在我頂上飛來飛去，旁若無人，看我來殺殺他們的威風！」

於是龍王兄弟二人就放出猛烈的火風，使閻浮提中皆燒起大火。

這時，阿難尊者趕緊稟告佛陀：「世尊！爲什麼閻浮提內忽然發生大火呢？」

世尊回答說：「這是因爲難陀和優波難陀龍王兩兄弟，看到許多沙門在天上飛來飛去，心生瞋恚，就想出這種方法，放出大火，讓比丘們無法凌空飛行。」

這時，佛陀的大弟子大迦葉尊者即從座位站起來，稟告世尊：「世尊！不如我前去降伏這兩條惡龍！」

「這兩位龍王極爲兇惡，極難教化。」佛陀並沒有允許。

於是阿那律尊者、離越尊者、迦旃延尊者等，都向佛陀請命，自願前往降伏惡龍，世尊還是沒有應允。

這時，目犍連尊者站了起來，稟告世尊：「佛陀，不如由我前去降伏他們吧！」

「這兩位龍王極難教化，你有什麼好法子呢？」

「我先以神通變化成極大形貌，使彼等恐怖，再化成極小擾亂他們，如此必可使其降伏，不再危害。」

「善哉！目連，你確實足以降伏此惡龍，現在你要堅定把持心意，因爲這惡龍會百般激怒你。」

目連領命之後，立刻從會場消失，出現在須彌山上，見到難陀和優波難陀龍王，正以巨大的龍身，盤繞須彌山七匝，口中吐出瞋怒的猛烈煙火。

這時，目連變化自身作大龍王，有十四頭，遶須彌山十四匝，放出大火煙，就在二龍王頂上安住。

難陀和優波難陀龍王突然看見這個十四頭的龍王，心懷恐懼，彼此說道：「我們今日應當來試試這個龍王的威力，到底能否勝過我們。」

於是，難陀、優波難陀龍王就以尾擲於大海中，以水灑到三十三天那麼高，卻還是沾不著目連身。這時，目連尊者也以尾著於大海中，海水甚至濺到乃至到梵迦夷天那麼高，並灑在二龍王身上。

二位龍王傻了眼，私下說道：「我們使盡力勢，才能把海水灑到三十三天，現在這個大龍王力量竟然比我們更大，灑得更高。我們只有七個頭，這個龍王卻有十四個頭；我們只能遶須彌山七匝，這個龍王卻能遶須彌山十四匝。看來我們兩個要合力跟他拼了！」

於是兩位龍王又惱又氣，更加興起雷電霹靂放大火焰。此時，目連尊者心想：「龍族戰鬥都是以火、霹靂，如果我也用相同的方式來應戰，那麼閻浮提內的人民之類，及三十三天的天人都會被波及。不如我今化形極微小，來與其戰鬥。」此時，目連就變化身形爲極小，進入惡龍口中，再從其鼻中出；或從其鼻入，再從耳中出；或是入於耳中，再從眼中出；或是從其眼中出，在其眉上行走。

這時，二龍王極懷恐懼，心作是念：「此大龍王極有威力，才能從我等口中入，鼻中出；從鼻入，眼中出。我等今日實在甘敗下風。在龍族中有四種生：卵生、胎生、濕生、化生；卻沒有龍王能勝過我等。現在這個龍王威力如此強大，我等性命恐怕即將盡了！」於是二龍皆懷恐懼，汗毛皆豎。

這時，目連見龍王心懷恐懼，就變化回平常的沙門形貌，在二龍眼睫上行走。此時，二龍看見大目連，彼此說道：「這是目連沙門嘛！根本不是什麼龍王，真是奇特！有如此大威力，與我們戰鬥。」於是，二位龍王就對目連說：「尊者爲何要來擾亂？您有什麼教敕嗎？」

目連回答：「你們昨日曾心念：『爲什麼這些禿頭沙門老是在我頂上飛來飛去？我要想法子阻止。』」

龍王說：「是的，目連！我們確實如此。」

目連告訴他們：「龍王，你們要知道，此須彌山者是諸天的道路，不是汝等所居住之處。」

龍王回答：「唯願尊者寬恕之，不再重責，自今以我們兄弟二人再也不敢嬈亂眾生，興起惡念亂想，唯願聽從你的教敕，爲您弟子！」

目連說：「你們莫要歸命於我，我所歸依者，你們便去歸依吧。」

於是龍王就對目連說：「我等今日自歸命如來。」

目連又告訴他們：「你們不能依住於此須彌山，既然決定歸命世尊；現在可以和我一起到舍衛城去見佛陀。」

於是難陀、優波難陀二位龍王，就變化成人形，隨目連尊者到舍衛城，皈禮世尊。

波斯匿王和龍王的恩怨

難陀、優波難陀兩位龍王被目連尊者降伏之後，就隱去龍形，化作人形，身高不長不短，容貌端正，如桃華色。三人一起來到世尊的處所，目連以頭面禮世尊足，就在一旁坐下。這時，目連對龍王說：「你們現在可以上前向世尊祈請皈依。」

龍王聞目連語，就從座位起立，長跪著叉手對世尊說：「我們二人是族姓之子，名爲難陀，及優槃難陀，自歸命如來，受持五戒，唯願世尊聽許我等爲優婆塞，盡形壽不復殺生！」此時，世尊彈指表示允許。於是，二位龍王回到本位，想和大眾一起聞法。

這時，波斯匿王在王宮內，看到方才二龍王放出大煙火，心中便想：「是什麼原因，使此閻浮提內煙火瀰漫呢？」於是便乘著寶羽車出舍衞城，來到世尊的處所。

而法會中的人民遙見國王蒞臨，都紛紛起立恭敬迎接，並說：「善來，大王！您可依此坐。」

只有二位龍王默然不起。這時，波斯匿王禮敬世尊足，在一面坐下。大王對世尊說：「我今天有所請問，唯願世尊能爲我明白解答！」

世尊說：「你問吧！。」

波斯匿王於是說：「有何等因緣，使閻浮里內產生如此煙火？」

世尊告訴國王：「這是難陀、優波難陀龍王所造成的。但是現在，大王！您不必恐懼，已經沒事了。」

這時，波斯匿王看見方才沒有站起來迎接他的兩個人，心想：「我是堂堂國之大王，人民崇敬，名聞四方，這二人是從何而來呢？看到我來此，竟然也不起身迎接。如果是我境內的人民，應當捉起來囚禁，如果是別國的人民來此，應當捉來殺了！」

這時，龍王知道波斯匿王心中所念，便生起極大的瞋恚。龍王心想：「我們對這個國王又沒擾亂，他竟然要殺害我們，好！我們一定要取此國王及迦夷國人，盡捉來殺害之。」於是，龍王即從座位起，禮敬世尊足，便退下而去，離祇園不遠，就消失了蹤跡。

波斯匿王看見這二人離去，隨即也稟告世尊：「國事繁多，我先行告退。」出了祇園，就命臣下去追捕方才二人，卻早不見其蹤影。

難陀、優波難陀龍王離開佛陀處所之後，心想：「我們和那個國王無怨無仇，他竟然要加害我，不殺了他和他的人民，實難以消氣！」轉念又想：「他國中人民有何過失呢？我還是取舍衞城人民殺害就好了。」又想想：「不對，舍衞國的人民和我無怨無仇，還是殺死那些王宮官屬就好了。」

當時，世尊知道龍王心中所想，就告訴目連：「你現在趕快去救波斯匿王，不要被難陀、優波難陀龍王所殺害了。」

於是，目連受佛教誡，頂禮世尊雙足之後，便退下而去；出現波斯匿王王宮上，結跏趺坐，令身隱藏不見。這時，二龍王雷吼霹靂，降下暴風疾雨，在王宮頂上，或雨下瓦礫石頭，或雨下刀劍兵器，然而未墮地之時，卻全部化爲優缽蓮華飄在虛空中。

龍王看了之後更加瞋恚，就雨下大高山降於宮殿上；於是目連又將其化作種種飲食。龍王看了更是火冒三丈，緊接著雨下各種刀劍；目連又將之化作極好的衣裳。龍王快氣炸了，又雨下巨大沙礫石，降於波斯匿宮上，未墮地之頃，便化作七寶。

這時，波斯匿王看見宮殿中雨下種種七寶，歡喜踊躍，喜不自勝，他心想：「閻浮里內有德行的人，無有過於我者，唯除如來之外。因此，我家中種粳米一根上生，收獲得一斛米，再配以甘蔗之漿，味道極爲香美。現在上天又在宮殿上雨下七寶，那豈不代表我能作統領世界的轉輪聖王了嗎？」於是他得意洋洋地領諸婇女收攝著空中降下的七寶。

於是，二龍王彼此說道：「這到底是怎麼回事呢？我們本來要加害波斯匿王；現在使盡一切變化之力，卻不能動他秋毫。」

這時，龍王見到大目犍連在宮殿上結跏趺坐，正身正意，形不傾斜。這才恍然大悟，這必定是目連的威力所致，於是兩位龍王便退走了。目連見到龍王離去，才捨神足通至世尊所，頭面禮足，在一面坐下。

波斯匿王收取了天上掉下來的上好飲食、寶物，心想：「現在這種種飲食我不應先食，當先奉上供養如來，然後自已食用。」這時，波斯匿王就載著珍寶及種種飲食，前往詣見世尊。

「昨日天上雨下七寶及此上好飲食，唯願世尊納受！」

這時，大目犍連正好在不遠處，佛陀告訴大王：「你現在可以持七寶飲食之具，供養目連尊者。因爲蒙目連之恩，你得以更生於聖賢之地。」

波斯匿王疑惑的說：「世尊有何因緣，說我重生？」

世尊告訴國王：「你記得昨天來此想要聞法，當時，有二人也來聽法。你那時是否心想：『大王我在此國界中，最爲豪尊，爲眾人所仰敬，而此二人不知從何而來？見到我竟然不起立承迎？』」

大王回答：「確實如此，世尊！」

世尊又說：「那兩位並非人類，乃是難陀、優波難陀龍王，他們知道你的心意，心想：『我們和這個人王無怨無仇爲何反要加害於我？一定要滅掉他的國家。』我知道龍王心中所念，立刻敕命目連，去保護大王。多虧他在你殿上，隱形不現地守護著你，否則，當時龍王非常生氣，雨下沙礫石於宮殿上，只是未墮地之時，即化作七寶、衣裳、飲食種種器具。因此我才說，大王！今日您是重生了！」

這時，波斯匿王恐怖得汗毛直豎，撲通跪下行至如來前，稟白佛言：「唯願世尊恩垂過厚，得以救濟我的生命！」大王又復禮敬目連雙足，以頭面禮敬道：「蒙尊者救命之恩，方才得濟生命！」

這是波斯匿王和難陀、優波難陀龍王的故事。

阿波邏羅龍王的故事

在陁揭釐城東北二百五六十里處大山，有一處阿波邏羅龍泉（梵名 apalāla），是古印度蘇婆伐窣堵河之源頭也。派流西南，春夏都冰凍，早晨和晚上都飄著飛雪。雪霏映著五彩光芒，光彩流動四照。

阿波邏羅龍王值迦葉波佛住世時，本來是生於人趣，名叫「殑祇」，深諳咒術，能梵禦惡龍，使其不興暴雨。因此國內人民賴此得以積畜餘糧。於是大眾都感念其恩德，每家自動稅斗穀來贈送他。如此過了幾年，居民漸漸不再特別感謝他，也不交稅給他了。殑祇十分怨恨，便發願生爲龍，暴行風雨，損傷苗稼來做爲報復。

殑祇命終之後，投生於此地之龍，使泉流出白水，損傷地利。釋迦牟尼佛愍念此國人民的災難，便降神至此，欲度化暴龍。於是世尊遣執金剛神以金剛杵擊山崖，龍王震動恐懼。乃出洞歸依佛陀，聞佛說法，心中清淨信悟。如來就教他勿損農稼。龍王回答：「我一切所食，都是仰賴收人田，現在如果遵從您的聖教，恐怕我就難以活命了，祈願世尊允許我年收一次糧儲！」如來悲愍地應許了。後來此地果然十二年才一次白水之災。

白水之災是指，古代印度蘇婆伐窣堵河的上源山谷，在每年一定的雨期，因山嶽土壤溶化，白色的砂土和河水順流而下，往往泛濫成災，因此而有此傳說。

在阿波邏羅龍泉西南三十餘里，北岸大磐石上有釋迦如來足所覆跡，是如來降伏此龍王之後留下足跡而去，後人於此上積石爲室，並以花香供養。

瞿波龍王與佛影窟

在印度那揭羅曷國都城西南方二十餘里爲小石嶺，上有伽藍，高堂重閣，以積石建造所成。其中有窣堵波，高二百餘尺，爲無憂王所建也。

在伽藍西南方，有深澗峭絕，瀑布飛流，懸崖壁立。東岸石壁有大洞穴，是瞿波羅龍所居住之處。此處門徑狹小，窟穴冥闇，崖石津滴，磴徑餘流。很早以前此洞中可見佛影，煥若真容，相好具足，儼然如在。但是近代已來，就漸漸不見了，縱使偶有所見，也是髣髴而已。除非有至誠祈請，有冥感者，乃能暫時明視，但尚不能久。

佛影洞是怎麼來的呢？往昔如來在世時，瞿波王爲牧牛之士，供給大王乳酪，因爲進奉失宜，被大王譴責，心懷恚恨，即以金錢買花，供養受記佛塔，願以此供花功德迴向生爲惡龍，破國害王。發願畢即以身撞石壁，投身而死。死後果然居於此窟，爲大龍王，就打算出穴，完成他原本的惡願。

此龍王適才發起此心，如來已經明鑒，愍念此國人民即將爲龍所害，所以運用神通力，自中印度來到此地。龍王見到如來，毒心就止息了，願受不殺戒，守護正法，龍王因而祈請如來：「願世尊常居此窟，諸聖弟子，恒受我供養。」

如來告訴他：「我即將要入滅了，但可以爲你留影，我會遣五百羅漢恒常受你供養。你如果毒心憤怒時，應當觀我留影，以如來身影慈善故，毒心當止息，在此賢劫中，未來的世尊，也會悲愍汝，皆留下影像。」

在影窟門外有二塊方石，其中一塊石頭上有如來足蹈之跡，千輻輪相微微顯現，在佛影窟左右兩旁有許多石室，都是如來諸聖弟子入定之處。佛影窟西北隅有窣堵波佛塔，是如來經行之處。其側窣堵波中，有如來髮爪。在此不遠，有窣堵波，是如來顯暢真宗，說蘊界處法的處所也。佛影窟西側有大盤石，如來曾於其上洗濯袈裟，文影微現。

迦濕彌羅國開國傳說

迦濕彌羅國的祖先，相傳其開國之地，本來是龍池。往昔佛世尊自烏仗那國降伏惡神之後，欲還本國，乘空當此國土之上，告訴阿難說：「我涅槃之後，有末田底迦阿羅漢當於此地建國安人，弘揚佛法。」

如來寂滅之後第五十年，阿難弟子末田底迦羅漢者，証得六種神通，具足八解脫，聽聞佛陀懸記，心中深自慶悅，便來至此地，於大山嶺，宴坐於林中，示現廣大神通變化。龍王見了生起深信，便請問尊者所欲。阿羅漢說：「願於池內忠施我容膝之地！」龍王於是縮水奉施。不料阿羅漢以神通示現廣身，龍王縱力縮水，一直到池空水盡，龍王只好將請池子完全布施了。阿羅漢於是在西北爲龍王留一池，周百餘里，自已別居小池。

龍王於是對尊者說：「池地總施，願尊者恒受我供養！」末田底迦說：「我不久之後將入無餘涅槃，雖然想接受你的祈請，卻沒有辦法啊！」龍王於是重新祈請：「那麼請五百羅漢　常受我供養，乃至正法滅盡；法盡之後，我再來取回此國，做爲居住之池。」

末田底迦於是從其所請。當時阿羅漢既得龍王供養之地，於是運用大神通力，建立五百伽藍，從他國買賤民回來以充作役使，以供僧眾。末田底迦入寂滅後，這些賤民自立國王，然而鄰境諸國鄙賤其種姓，不願與其交親，都稱其爲訖利多（意爲「買得」）。

龍媽媽與人爸爸

往昔毗盧擇迦王前往討伐釋迦族，其中有四個人由於拒絕從軍，被宗親擯逐，各事分飛。其中一人出國都之後，由於跋涉疲憊，途中停下來休息。當時有一隻大雁飛到他跟前，非常溫馴，釋種人就乘著牠，飛翔飛了不久，大雁將他放在池側。他看見到這個異國的風景，向前走著，不知覺迷了路，走得累了，就在樹蔭下假寐。

這時，池中龍女在池邊遊玩，忽然看見人在樹下休息，爲了怕嚇到他，龍女就變爲人形，靠近去撫摸他的臉。

釋種人驚覺醒來時，見到美貌的龍女，感動地說：「我一個流浪的旅人，怎得小姐關愛親拊呢？」於是不斷獻上殷勤，希望能與其燕好。

龍女婉拒道：「父母有訓示，女兒家只有奉命無有違背，雖然蒙您不棄，卻未獲得雙親同意。」釋種人奇怪的說：「這裡四周只有山谷，你家在那裏呢？」

龍女說：「實不相瞞，我乃此池之龍女也，聽聞釋種聖族流離逃難，幸而因爲出來遊覽，希望能安慰您的疲憊，只是我受此龍身，人畜殊途，我們是不可能在一起的。」

釋種回答：「只要你一言見允，我一定完成你的心願。」龍女說：「如此我就慕敬順從您的心意。」這時，釋種人就以忠誠的心發願：「願我所有福德之力，令此龍女舉體轉成人形！」

由於宿世福德之力所感招，龍女遂改變形貌，得於人身。於是龍女深自慶悅，乃叩謝釋種人，並說：「我積惡運，流轉於惡趣之中，幸蒙您的垂顧，福力所加被，曠劫以來弊惡之身，一旦改變。要報答您的恩德，即使碎此身軀也未足謝，願白父母，然後備禮。」於是龍女還回池中，稟白父母始末。

龍王本來就心欣人趣，更情重釋種聖族，便同意了女兒的請求。並出池感謝釋種：「願您不棄我等非人類，降尊就卑，願光臨我室中，我等願供您使喚。」釋種受龍王之請，便入於龍宮。於是在龍宮之中，親迎備禮，燕爾樂會，極盡歡娛之事。只是釋種目睹宮中龍族的外形，心常畏懼厭惡，就想離開。

龍王就勸阻他：「你就不用去太遠的地方，鄰著我們龍宮旁居住，我可以讓你佔據疆土，稱大王之號，總有臣庶，祚延長世。接著龍王取了一把寶劍並且放在密篋之中，以妙好白氎覆在其上，告訴釋種說：「你可以持此白氎獻給國王，國王必定親受遠方人民之貢品，這時你就可以趁機殺害其王。再佔據他的國土，不是很好嗎？」

釋種人到達烏仗那國，獻上貢品，國王果然親自接見，觀看妙好白氎。於是釋種人執其衣袂而刺殺之。

一時侍臣衞兵諠亂譁然，釋種人便揮劍宣告：「我所執劍，是神龍所授予的，用來誅殺一切不馴之臣。」於是眾人都懼其神武，便推尊其即大位。

於是釋種人開始制立新政，表揚賢者體恤患者。不久便備法駕，至龍宮傳捷報，迎請龍女還回國都。由於龍女宿業未盡，餘報猶在，當夫妻燕好時，便會現出九龍之頭。釋種人畏懼厭惡，就趁龍女睡著後，以利刃斷其餘龍頭，龍女驚醒後痛苦萬分地說：「你這樣做不但是損害我，你的子孫也會常因頭痛而苦。」

後來此國族就有頭痛的疾患，釋種人去世後，其子嗣位，即是嗢呾羅犀那王（上軍王）。

龍鼓傳說

在瞿薩旦那國王城東南百餘里，有一條大河，朝西北流，國人就利用它來灌溉田地。有一天此河突然斷流，國王深感怪異。於是命人請問羅漢僧：「大河之水，一向供給國人取用，現今忽然斷流，是什麼地方出錯呢？是我為政有不公平之處，還是我的恩德不夠普及？不然，為何上天要降下這麼重的責罰？」

羅漢說：「大王治國，政化清明和平。河水斷流，是龍所造成的。你應當速到龍廟祈求，當恢復往昔水利。」大王於是迴駕，備供祠祭河龍。這時忽然有一個女子凌波而至，對大王說：「我的夫婿早喪，主命無從。所以河水絕流，農人失利。願大王於國內選一個貴臣，許配我爲夫婿，如此水流便可如昔一般。」國王說：「敬聞您所欲求者耳。」

於是這女子就深深地看了國王的大臣一眼，大王迴駕後，就對群下說：「大臣是國家的重鎮。而農務則是百姓的命食。國家失去重鎮則傾危，人民絕去糧食則死亡。這危死之事，應該如何才好呢？」

大臣於是跪下來禀明大王：「臣久已虛薄，願謬當此重任，平日常思報國，只是未遇時機。假如是利益萬民之事，我一個人算什麼呢？臣者，是國之佐，而人者是國之本，願大王不要再猶豫了！只祈願大王能爲我修福，建僧伽藍！」

大王於是應允所求，大臣又請求能早入龍宮以平水患。於是舉國宮僚庶民，都鼓樂飲酒爲其餞行。大臣乃穿著素服，乘著白馬，與大王告別，敬謝國人。當他驅馬入河時，履及水中卻不溺水，到了中流，用麾鞭一畫水，水自然中開，自此大臣才入水中矣。

不久後，大臣所乘白馬浮出，背上負了一面栴檀大鼓，上有函書一封。書信大要如下：「大王不遺細微，謬參神選，願您多多營福，增益國家滋長群臣。您可以將此大鼓懸在城的東南方，如果有賊寇至，則鼓會先出震動聲。」這就是龍鼓的傳說。

大雪山龍王的故事

在王城西北二百餘里之處，就是大雪山，雪山山頂有池，若有人誠心請雨祈晴，皆會隨求其果願。

傳說往昔健馱邏國有阿羅漢，常受此池龍王供養，每天到了中餐的時間，阿羅漢即以神通力，連同所坐繩床，凌虛而往龍宮應供。

有一天，阿羅漢有一個侍者沙彌，就偷偷攀在繩床之下，而阿羅漢並沒有發現，時間到了，便飛往龍宮。等到了之後，他才發現小沙彌也跟了來。龍王也客氣的請他留下來用餐。只是在準備飯菜等時，龍王以天甘露供養阿羅漢，卻以人間味供養沙彌。阿羅漢用餐畢，便為龍王宣說法要。

沙彌一如往常為師洗滌飯器，這時恰巧飯器有餘下的飯粒，沙彌驚訝的發現這飯粒好香，非人間所有，才知道龍王給自已吃的是人間食，給阿羅漢準備的是天上甘露，於是他瞋恚地發起惡願，恨其恩師，怨忿龍王，他發願道：「願我一切福德之力，於今一起現起，斷此龍王命，我要自立為王！」

當沙彌發起是願時，龍王已經感到頭痛了。羅漢說法誨喻，龍王即懺悔其過。然而沙彌心懷忿恨，未曾後悔。回到寺院之後，沙彌更加至誠發願，因修行福德力所致，沙彌於是夜命終，生為大龍王，威猛奮發，遂來入龍池，殺龍王，居龍宮，佔有其部屬，總領其統命。又因為宿願的緣故，興起暴風雨，摧拔樹木，欲破壞阿羅漢所居寺院。

當時迦膩色迦王正好在此寺，感到疑怪而發問，阿羅漢就把這段因緣稟白。大王即為此龍於雪山下建立僧伽藍，建窣堵波，高百餘尺希望能鎮此惡龍。龍因懷宿忿之故，遂發起暴風雨。大王所建，僧伽藍、窣堵波六壞七成。

迦膩色迦王慚愧此功不成，打算填平龍池，毀其居室，即大興兵眾，來到雪山下。當時雪山龍王深懷震懼，變化作一老婆羅門，來到大王處進諫：「大王您宿殖善本，多種殊勝之因，所以得爲人王，天下無不歸伏。今日何故與龍交爭呢？龍只是畜牲，是卑下惡類，但是具有大威力，不可以力取。因爲牠乘雲馭風，蹈虛空履水面，非人力所能制，您又何必生氣呢？況且您今舉國興兵，與一龍相鬥。即使勝了大王也無伏遠之威，若是敗了則王有非龍敵之恥。如今最好的方法，只可速速歸兵。」

迦膩色迦王並未聽從，龍即歸還龍池，即時聲震雷動，暴風拔木，沙石如雨下，雲霧晦冥，使軍馬大爲驚駭。大王乃歸命三寶，請求護佑：「我宿殖多福，今得爲人王，威勢鎮懾強敵，統領贍部洲，如今卻爲惡龍畜牲所屈，實在是我薄福也！願我一切福德力，於今現前！」即時大王便於兩肩生起大煙焰，於是龍退風靜，霧卷雲開。大王於是令大軍眾人皆擔一石，用以填平龍池。

龍王還化作婆羅門，重新請求王曰：「我是池中龍王，懼怕您的威勢而歸命。願大王悲愍，赦我過錯！大王悲憫生靈，爲何獨獨加害於我？大王如果殺我，我和大王俱墮惡道。因為大王有斷命之罪，我則懷怨讎之心，業報皎然，善惡昌明。」於是大王遂與龍王明設要契，今後如果更有犯越，必然不相赦。

龍王回答：「我因為惡業的緣故，受此身為龍。而龍性兇猛暴惡，不能自持，當我瞋心生起時，必然會忘了有所節制。如今大王更立伽藍，我不敢摧毀。您可遣一人候望山嶺，倘若黑雲興起，就緊急擊揵槌。我聽聞此聲，暴惡之心當平息。」

大王於是更修建伽藍，建窣堵波，候望雲氣，這是大雪山龍王的故事。

龍女成佛

龍女成佛是《法華經》中所記載的故事。在《法華經》〈提婆達多品〉中記載：在法華會中，文殊菩薩告訴智積菩薩，娑竭龍王之女，年方八歲，卻因為修行《法華經》的緣故，而疾速成佛。智積菩薩聽了後，感到很懷疑。就在這時，龍女忽然出現於法會之上，以頭面禮敬佛陀，並以偈讚佛。

圖 59　龍女

這時，舍利弗對龍女說：「你生爲女身，充滿垢穢，不堪爲法器，怎麼能得證無上菩提？」龍女就以身上的寶珠獻給佛陀，然後問舍利弗和智積菩薩：「尊者！您看我以此寶珠獻給佛陀，佛陀接受此珠是否迅速呢？」智積菩薩和舍利弗都說：「非常快速！」龍女又說：「我成佛的速度比這更迅速！」

這時法會中的大眾，都看見龍女忽然之間變成男子身，具足菩薩行，即刻前往南方世界，安坐於蓮華臺上，成就正等正覺，具足三十二相，八十種好，普爲十方一切眾生演說無上妙法。於是，娑婆世界的菩薩、聲聞、天龍八部、人、非人等都遙向其敬禮。智積菩薩和舍利弗也都默然信受。

龍女八歲即身成佛的故事，是佛教中非常有名的典故，也引發了女人及龍族是否能成佛的廣大討論。早期的傳統佛教，認爲女人之身有五種障礙，所以不能成爲梵天王，更不可能成佛。此外也有說龍在睡眠時會現出其本形，不能持齋，並非法器，因而不許龍參預僧團。

因此，《法華經》中龍女成佛的故事，對傳統佛教的觀點有極大的衝擊。

此外，在《海龍王經》〈女寶錦受決品〉中，也記載了海龍王女寶錦與諸龍之夫人一起以瓔珞獻給佛陀，發起無上道心願成佛，佛陀並授記他們未來當成佛。在《菩薩處胎經》卷七〈八賢聖齋品〉也說，龍王生於阿彌陀佛的國土，得以作佛。

龍樹菩薩入龍宮求法

中觀祖師龍樹菩薩，當初入山中佛寺出家受戒，在九十日中即誦完經律論，想再求取其他經典，都不可得。

後來他又入雪山中佛塔，塔中有一位老比丘以摩訶衍大乘經典授與，龍樹菩薩讀誦之後受持愛樂，雖然了知實義，卻未得通利，之後周遊諸國，希望求取更多經典，然而於閻浮提中卻遍求不得，而一切外道論師沙門義宗也都被其摧伏。

外道弟子對龍樹說：「老師您是一切智人，現在卻屈爲佛弟子，雖道老師的智慧尚有不如佛之處嗎？」龍樹辭窮之下，即生起邪慢心，心想：「世界法中道路甚多，佛經雖然微妙，但以理推之，所以有未盡之處，而未盡之中可以推而演之，以悟入後學。尚若於理不相違背，於事相上無過失，這樣何過之有？」於是龍樹即自立宗師教戒，更造衣服，建立新教團。於是所有的弟子都受新戒，並穿著不同以往的出家服裝，獨自在靜處水精房中修行。受新戒，並穿著不同傳統的出家服裝，獨自在靜處水精房中修行。

大龍菩薩看見龍樹菩薩被驕慢蒙蔽了，感到十分悲愍惋惜，即接其入於海中，於龍宮殿中開啟七寶藏，及七寶華函，並以諸方等經及各種深奧經典，無量妙法而授予之。龍樹菩薩受讀九十日中，通達了解甚多，其心深入經藏，體悟得到寶貴利益。大龍菩薩了知他的心意，就問他：「你看經看遍了嗎？」龍樹回答：「您的這些函夾中，經典眾多無量，不可窮盡也，我可以讀者已經十倍於閻浮提中的經典了。」大龍菩薩說：「如我宮中所有經典，在其他地方還有比此處更多的經典不可數。」

龍樹即證得諸經一相深入無生，生忍、法忍二忍具足，於是大菩薩就送其出於南天竺，大弘佛法，摧伏外道。他並廣明大乘摩訶衍，作優波提舍十萬偈，又作莊嚴佛道論五千偈，大慈方便論五千偈，中論五百偈，使大乘教法大行於天竺

圖 60　龍樹菩薩

。又造無畏論十萬偈，中論即是出於其中。

第4篇

其他護世部眾

第一章 阿修羅

阿修羅（梵文 Asura），音譯作阿素羅、阿須羅、阿素洛、阿索羅、阿須倫。意譯爲非天、不端正、非善戲、非同類，略稱修羅。以其果報殊勝，有天之福卻無天之德，鄰次於諸天而不同於諸天，故名爲非天。

屬八部眾之一，爲六道中之一趣及十界之一。乃是戰鬥爲事之一類鬼類。

阿修羅眾原爲印度最古老的諸惡神之一，性好鬥戰，常與帝釋天所率領的天眾相對抗。在佛教中，則與乾闥婆、緊那羅等同屬天龍八部眾之一，守護釋尊，擁護正法。在佛典中，於佛陀說法後，每每可見到他們歡喜地信受奉行佛教的記載。

阿修羅又與地獄、餓鬼、畜生、人、天形成六道世界。然在諸經論中，或別立阿修羅而說有六趣，或單說五趣而以阿修羅爲他趣所攝。如《大智度論》卷三十所述，六道復有善惡之別，善有上中下，即天、人、阿修羅，惡亦有上中下，即地獄、畜生、餓鬼道。又如《大毗婆沙論》卷一七二所載，有餘部立阿修羅爲第六趣。這都是別立阿修羅爲一趣的說法。

而只說有五趣者，有如《正法念處經》卷十八說，阿修羅爲鬼道及畜生所攝。《佛地經論》卷六說，阿修羅種類不定，或爲天，或爲鬼，或傍生。

在《首楞嚴經》卷九也舉列四個種類：

(1)卵生：有修羅於鬼道，以護法力成小神通入空，此係從卵而生，爲鬼趣所攝。

(2)胎生：若於天中因降德而貶墮，其所居之處鄰於日月，此阿修羅從胎而出，人趣所攝。

(3)濕生：另有一分下劣阿修羅，出生於大海心，沈住於水穴口，朝遊虛空，暮歸水宿，此係因濕氣而有，爲畜生趣所攝。

(4)化生：有阿修羅執持世界，力剛無畏，能與梵王及天帝釋四天爭權，此阿修羅乃因變化而有，天趣所攝。

至於阿修羅所受的業報，在《正法念處經》卷十八說有二種：

(1)鬼道所攝，即魔身餓鬼，具有神通力。

(2)畜生所攝，此種阿修羅住在大海底須彌山側。《首楞嚴經》卷九，依胎生、卵生、濕生、化生四生分為四種。

有關投生修羅道的業因，諸經多說為瞋、慢、疑等三種。《佛為首迦長者說業報差別經》則列舉另外有十種能使眾生感得阿修羅報的業因：(1)身行微惡，(2)口行微惡，(3)意行微惡，(4)起憍慢，(5)起我慢，(6)起增上慢，(7)起大慢，(8)起邪慢，(9)起慢慢，(10)迴諸善根向修羅趣。

⊙阿修羅琴

阿修羅眾所持有的琴，特稱之為阿修羅琴。阿修羅欲聽聞何種曲調，則曲音自然彈出，乃阿修羅所具有的福德。

⊙阿修羅的住處

關於阿修羅的住處，諸經述及者甚多。《起世經》卷五〈阿修羅品〉敘述有四大阿修羅王住在須彌山四面海中，即：

(1)在須彌山之東，距山千由旬的大海下，有鞞摩質多羅阿修羅王的住處，縱廣八萬由旬，有七重城壁，其中摩婆帝宮城爲修羅王的居止處，縱廣一萬由旬，城中央有集會處，稱爲「七頭」。「七頭」的周圍有四座園林，王與諸小阿修羅輩於此園林遊戲。

(2)在須彌山的南面，過千由旬的大海水下，有踴躍阿修羅王的住處。

(3)須彌山北面千由旬的大海水下，有羅睺羅阿修羅王的住處。

(4)須彌山西面千由旬的大海水下，有奢婆羅阿修羅王的住處。

後三住處各縱廣八萬由旬，七重城壁等悉如鞞摩質多羅的住處。

在《長阿含經》卷二十〈世紀經阿須倫品〉則說：須彌山北大海水底有羅呵阿須倫城，縱廣八萬由旬，其城七重，以七寶成。城高三千由旬，廣二千由旬。

其城門高一千由旬，廣千由旬，金城銀門，銀城金門。其阿須倫王所治小城，當大城中，名輪輪摩跋吒，縱廣六萬由旬。

於其城內別立議堂，名曰七尸利沙，堂牆七重，七寶所成。議堂下基純以車璩，其柱櫟純以七寶。其堂中柱圍千由旬，高萬由旬。當此柱下有正法座，縱廣七百由旬，彫文刻鏤，七寶所成。其議堂北有阿須倫宮殿，縱廣萬由旬，其議堂東有一園林，名曰娑羅，縱廣萬由旬。其議堂南有一園林，名曰極妙，縱廣萬由旬如娑羅園。其議堂西有一園林，名曰睒摩，縱廣萬由旬亦如娑羅園林。其議堂北有一園林，名曰樂林，縱廣萬由旬，亦如娑羅園林。

娑羅、極妙二園中間生晝度樹，下圍七由旬，高百由旬，枝葉四布五十由旬，樹牆七重，七重欄楯、七重羅網、七重行樹，周匝校飾，以七寶成，乃至無數眾鳥相和而鳴，亦復如是。又其睒摩、樂林二園中間有跋難陀池，其水清涼，無有垢穢。於其池中生四種華，華葉縱廣一由旬，香氣流布亦一由旬。根如車轂，其汁流出色白如乳，味甘如蜜，無數眾鳥相和而鳴。又其池邊有七重階亭，七寶所成。

其阿須倫王臣下宮殿，有縱廣萬由旬者，有九千、八千，極小宮殿至千由旬，宮牆七重，七重欄楯、七重羅網、七重行樹，周匝校飾以七寶成，乃至無數眾鳥相和而鳴，亦復如是。其羅呵王宮殿在大海水下，海水在上，四風所持：一名住風，二名持風，三名不動，四名堅固。持大海水懸處虛空，猶如浮雲，去阿須倫宮一萬由旬終不墮落。

又，《大樓炭經》卷二〈阿須倫品〉，說阿修羅的住處有五處。據載於須彌山下深四十萬里（一萬由旬）有抄多尸利阿須倫的城郭，廣長各三三六萬里（八萬四千由旬），以七寶所作，有四門，一一門邊有一千阿須倫居止。又此城的東西南北四面，相去各四萬里（千由旬）有城郭，南稱波陀呵，西稱波利，北稱羅呼（缺東王名），各有三百阿須倫居止。此外，《起世因本經》卷八、《正法念處經》等，亦皆述及阿修羅的住處。

⊙阿修羅尊形

阿修羅的尊形，有諸多不同記載。

在《攝無礙經》及《補陀落海會軌》中說，阿修羅三面六臂，身青黑色。其六臂：第一手合掌，第二手各持火頗胝與水頗胝，左第三手持刀杖，右第三手持鎰。《觀音經義疏記》卷四載則說，阿修羅有千頭二千手、萬頭二萬手，或三頭六手，持不飲酒戒，男醜而女端正。

又於胎藏界曼荼羅的外金剛部院，也列有二臂阿修羅像；據《諸說不同記》所載，其身赤色，右手執劍，左手握拳。

《胎藏界七集》卷下列《伽陀經》，謂毗摩質多羅阿修羅王有九頭，頭上有千眼，口中出火，有九百九十手，唯有六腳，身形四倍於大須彌山。

《法華曼荼羅威儀形色法經》中則說，羅睺阿修羅王像爲：頂上髮髻冠，身相青黑色，右修羅智印，面門忿怒相，左定金。

諸經中有關阿修羅的故事甚多，依《增一阿含經》卷三〈阿須倫品〉記載，阿倫之形廣長八萬四千由旬，口縱廣千由旬，或化作十六萬八千由旬之身，往日月之前。當時之日月王見之而心懷恐怖，遂失去光明。因此，印度人相信，有日月蝕即是阿修羅犯日月的結果。

圖 61　阿修羅

於今現存的阿修羅造像與經軌所述，亦多有不同。在日本現存的造像中，以法降寺五重塔初層塑像中的六臂阿修羅坐像最古，而以興福寺八部眾中之六臂像（天平時代）最爲有名。

而中國敦煌莫高窟的第二四九窟（西魏時代，六世紀所造），則繪有雙足岔開，立於大海之中的四臂像，其後二手向上伸直，掌上置日月；另二手，左手置胸前，右手置腹前，上半身赤裸，身呈赤色。

諸大阿修羅王

在佛典中多列有諸阿修羅王，在《正念法處經中》記載，在大海底須彌山側有四大阿修羅王，統御諸部下與天眾戰鬥。即：

(1)羅睺阿修羅王，住放光明城中。身量廣大，如須彌山王，遍身珠寶，放出大光明，欲見諸天婇女，而日百千光，映障其目，遂以手障日月之光，令現日月蝕。且其立於海中，水至其腰。這也就是傳說中日蝕、月蝕的因緣。

圖 62 阿修羅

此修羅王以如影、諸香、妙林、勝德等四女及十二那由他侍女爲眷屬，與之共相娛樂。壽命五千歲，以人間五百歲爲一日一夜，少出多減，亦有中夭。

(2)勇健阿修羅王，威勢稍勝羅睺阿修羅，以人間六百歲爲一日一夜，其壽六千歲，少出多減，命亦不定。

(3)華鬘（陀摩睺）阿修羅王，住羅睺阿修羅下二萬一千由旬，雙遊戲城中，威勢更勝，以人間七百歲爲一日一夜，壽命七千歲，有中夭。

(4)毗摩質多羅阿修羅王，威勢或眷屬數皆倍於前三王，不可稱計。

又據新譯《華嚴經》卷一所載，佛陀宣説《華嚴經》時有無量阿修羅王共來集會，所謂：羅睺阿修羅王，毗摩質多羅阿修羅王、巧幻術阿修羅王、大眷屬阿修羅王、大力阿修羅王、遍照阿修羅王、堅固行妙莊嚴阿修羅王、廣大因慧阿修羅王、出現勝德阿修羅王、妙好音聲阿修羅王……，如是等而爲上首，其數無量。並説這些阿修羅王悉已精勤，摧伏我慢及諸煩惱。

《法華經》〈序品〉列有婆稚、佉羅騫馱、毗摩質多羅、羅睺等四大阿修羅王，各有百千眷屬。

《起世經》卷五，也列有韓摩質多羅阿修羅王、踴躍阿修羅王、羅睺阿修羅王及奢婆羅阿修羅王等四大阿修羅王。

阿修羅宮的故事

在《大唐西域記》卷九記載，摩揭陀國有一巖岫，印度人稱之爲「阿素洛宮」，往昔有好事者十四人，相約至此巖岫一探究竟。行進巖岫走了約三四十里後，廓然大明，只見城邑臺觀，皆是金銀琉璃。等這群人走近城邑，已有諸少女站在門側，歡喜迎接，甚加禮遇，於是漸進至內。城門有二婢使，各捧金盤，盛滿花香而來迎侯，並告訴諸人要先入池沐浴，塗冠香花後才可入城。

只有帶頭的術士趁機進入，其他十三人則依婢使所言入池沐浴。

這十三人入池後，恍若有忘，待醒覺，才發現各各坐在稻田中。

大羅睺阿修羅獲得福報的原因

大羅睺阿修羅王，由於宿世福報，所以居住的光明城內，有種種眾寶以為莊嚴。其王城在須彌山側，深二萬一千由旬，廣大有八千由旬。其中蓮華浴地，森林樹木茂密，並以真金為地，顏色妙好，如電光閃耀。又有金殿堂閣，珊瑚寶樹，上懸有眾多寶鈴，發出微妙音聲，以種種樂音，歡娛受樂。園中每一池中，皆有金花莊嚴，又有鳧鴈、鴦鴛等，皆身真金色，裝飾其中，使見者愛樂，如同天宮眾鳥一般。以摩尼寶為嘴，歡喜遊戲，以七寶雜色的青毗琉璃為羽翼，悠游於諸樓閣欄楯之間。看其歡娛遊戲，非常令人愛樂。而這些鳥類又發出微妙音聲，使見者喜悅快樂，其餘一切眾鳥也是如此，清淨無污穢，端正莊嚴。

阿修羅王就住在這一座廣大豪華的大城中，受用種種樂，與多眾婇女圍遶自娛。雖然這種世間的快樂是煩惱的根本，是垢染無常，不堅固而且會迅速朽敗的快樂，修羅王卻以為這是長生甘露不死之地。

阿修羅王有四婇女，從其憶念而化生，她們分別是：如影、諸香、妙林、勝德等四婇女。而其又各有十二那由他侍女眷屬，每天圍繞著阿修羅王，縱情娛樂享受種種欲樂，美妙無法比喻。

爲什麼大羅睺阿修羅王有此等福報呢？原來大羅睺修羅王往昔多生前，曾是婆羅門，名爲婆利，具足第一聰慧，善於了知世間種種技術，而且喜行布施，常於曠野之中，佈施種種飲食、清泉美水及房舍敷具等，又於四交叉路口，佈施醫藥給諸病人，對行路的商人旅客，或有貧窮者，則施於房舍及種種生活所需。雖然此婆羅門行如此佈施善事，但卻沒有具足了知諸法的正確知見。

當時，在附近的森林中，有一座佛寺，高廣皆二十由旬，在寺中有無量百千佛塔寶焰莊嚴，是由泥彌王等五百位大王共同建造的。其中有一座佛塔，以種種真金瓔珞，焰鬘莊嚴，七寶光輝映莊飾，種種莊嚴，塔上並繪有諸尊如來影像，種種林樹，池流泉源，莊嚴勝妙。就如同前面所敘述阿修羅城的種種莊嚴一般。

這位婆利婆羅門，常誦毗陀論，並廣造佈施的福業。有一天，婆利婆羅門，以四千乘車，載著眾多飲食到大曠野，對行路來往的人佈施其一切所需。這時，正好有惡人故意縱火燒塔，婆羅門看見火燒塔，心想：「我應該要先停下佈施的善事，去救如來塔，因爲這佛塔真是奇妙莊嚴，彫飾精美華麗，廣大希有，如果被燒毀就太可惜了！況且，國王如果知道我沒有盡心搶救，必然會怪罪責罰。」

婆利打定主意之後，就以四千乘車，載水來救火。大火滅了之後，婆利開玩笑的說：「現在我搶救佛塔，是有福德，還是無福德呢？如果有福德，願我來生得廣大身相，在這欲界中，無有過於我者。」由於婆利救塔的動機，並非因於對佛法的信心、尊重，所以雖有福報，卻不能轉向生命的智慧解脫。所以，他雖然開玩笑地發了此願，但還是不信佛法，不正思惟，常愛諍戰，不信正業，只是由於自身的福業和願力，投生於光明城，成爲阿修羅王。

阿修羅與帝釋天的戰爭

相傳毗摩質多阿修羅王爲光音天人和水精的後代，成人之後，娶香山樂神乾闥婆女爲妻。香山乾闥婆女嫁給毗摩質多阿修羅不久之後，就懷孕了，經過八千年才生下一個女兒，她的顏色容貌端正，天上天下無有過之者，而且她的面容姿色嬌媚風情萬種，所有的阿修羅見了她，無不驚爲天人，她一出現，宛如明月處星於眾之中，連帝釋天憍尸迦也慕名而來求婚，修羅便很高興的把女兒嫁給他。

帝釋天如願的娶了阿修羅女兒之後，便爲她立號爲「悅意」。一切天人看見悅意，都歎未曾有，只要看到悅意就魂不守舍，看東邊就忘了西邊，看南邊就忘了北邊，甚至毛髮皆生起無窮娛悅快樂。

有一天，帝釋到歡喜園，和許多婇女一起於池中遊戲，悅意看了即生起嫉妒，派遣五大夜叉向父親告狀：「現在帝釋不再寵愛女兒，竟然丟下我，自己和婇女在池中遊戲！」阿修羅王聽了很生氣，立即率領修羅大軍前往攻打帝釋天。修羅王站在大海水中，踞於須彌山頂，以九百九十九隻手，同時撼動帝釋天所居的喜見城，並搖撼須彌山，使四大海的海水一時波動，帝釋天慌恐驚怖，不知道該逃往何處。當時天宮有天神，稟告天王：「大王您不要驚怖，過去佛陀曾說般若波羅蜜，大王您當一心誦持，修羅鬼兵自然粉碎！」

於是帝釋趕緊安坐於善法堂，燒焚眾多名香，發起大誓願：「般若波羅蜜是大明呪，是無上呪，是無等等呪，審實不虛，我持此法。當成佛道，令阿修羅自然退散！」天王說是此語時，於虛空中有刀輪，因爲帝釋天功德的緣故，自然降下當於阿修羅之上，於是阿修羅的耳朵、鼻子、手足等一時皆被刀輪割截掉，大海水也被染得血紅。於是阿修羅生起大驚怖，無處遁走，便化成極小，逃入於藕絲孔中。

預知未來的寶池

在羅睺阿修羅地底下二萬一千由旬。又住有另一位阿修羅王，名爲陀摩睺阿修羅王，意譯爲花鬘。他所住的大城，名叫「雙遊戲城」。縱廣八萬由旬，其中園林茂，有清徹的泉流浴池，上有蓮花輝映裝飾，並以青毗琉璃爲地，地上生出種種綠草，柔軟可愛，種種眾鳥，音聲和雅。一切阿修羅眾，都住在其中，充滿國界，豐樂富足，生活安隱。園林景觀，也如同光明城。

在星鬘城中，有一個大地，叫做「一切見池」，池中長寬五百由旬，池水第一清淨，最上美味，無有污泥混濁，也沒有雜垢污染，清徹湛然，即使飲用也無有損減。這個一切觀見池，有奇特的功能，陀摩睺阿修羅王，如果要和天鬥戰時，出征之前都會莊嚴器仗，圍遶池邊，觀察自身，如同觀視明鏡一般。

如果他於池水中看見自身，自敗退而走，就知道這次天部必勝，如果在池中，看見自身偃臥，即知是爲敗死之相。

有一天，陀摩睺阿修羅王於池水中看見自己逃走墮下。心知這是不祥之兆，而且觀見天眾日漸增多，而修羅眾日益減少，知道是因爲人間多行善事，所以天眾增盛，因此就聯合了惱亂龍王、奮迅龍王、迦羅龍王等惡龍，意欲擾亂人間，使人間不得安定，但沒有成功。

阿修羅與日蝕、月蝕

在大海底深二萬一千由旬處，是羅睺阿修羅王所住之處。這個羅睺阿修羅王，能於欲界中化身極大極小，隨其心意能作變化。因爲阿修羅與天部是宿敵，所以阿修羅常要監視諸天的動靜。當他看見天宮林園中眾多美貌的天女時，不禁心動不已，只是深怕自己可怖的面貌，把天女嚇壞了，於是他決定把自己好好打扮一番，以博得美人青睬。

於是他將身量變爲無窮廣大，如同須彌山王一般，而且遍身以珠寶莊嚴，放出大光明，大青珠寶出青色光，黃、黑、赤色、寶珠亦出種種光明。

「這下沒人比得上我了吧！」修羅王驕慢地想。他又摘取美麗的花朵，串成花鬘戴在頭上，並以名香塗滿自身。打扮好了之後，方才走出所住的光明城，打算前去窺伺天宮的動靜。

其實，阿修羅王所受用的種種五欲快樂，實在是夠豪華了，也不比天宮遜色，只是，他只要一想到，自己竟然不是唯一，別人竟然可以和他一樣好，他的心就猶如千刀萬剮，非要找人家出來比個高下不可。因此天部和修羅也經常打得天崩地裂，熱鬧非凡。

阿修羅王來到天宮的園林外，太陽百千光明照著他身上的寶珠，光芒強得他睜不開眼，妨礙了他看天女的樂趣，也不能看見其他動靜。

「真是討厭的太陽，看我把你擋起來！」於是阿修羅王舉起右手，將太陽遮了起來。

「怎麼回事？」地球上的居民在大白天忽然太陽不見了，大家驚慌不已，以爲有什麼可怕的禍害出現了，沒想到是阿修羅王惹的禍。

阿修羅王的眷屬官眾，經常行於海上，看見月天女常悠遊於憂陀延山頂，行走閻浮提，住在毗琉璃光明之中。她的面貌端正莊嚴特殊美妙，這此官屬深知大王所好，於是趕緊到羅睺阿修羅居處，稟告大王：「大王！滿月天女長得端正莊嚴，非常貌美！」羅睺王聽了，心生愛慕，就從地上騰空而起，一心渴仰欲見月天女。但是他只看見月兒明亮的光輝，卻看不見月天女。

「真是惱人的月亮，不要壞我的好事！」於是阿修羅王又伸手將月亮擋了起來。這就是月蝕的傳說。

第二章 夜叉

夜叉（梵名 yakṣa），又稱作藥叉、閱叉、悅叉、野叉。意譯為捷疾、勇健、輕捷、能噉、傷者、苦活、貴人、祠祭、祠祭鬼或威德。屬八部眾之一，是止住在地上或空中，以威勢惱害人類或守護正法的鬼類。

依據《長阿含經》卷十二〈大會經〉、《大毗婆沙論》卷一三三及《順正理論》卷三十一等所記載，夜叉為北方毗沙門天的眷屬，守護忉利天等諸天，同受諸天種種富樂，並具威勢。

在《大智度論》卷十二中說，夜叉可分為三種：

(1)地行夜叉：常得種種歡樂、音樂、飲食等。

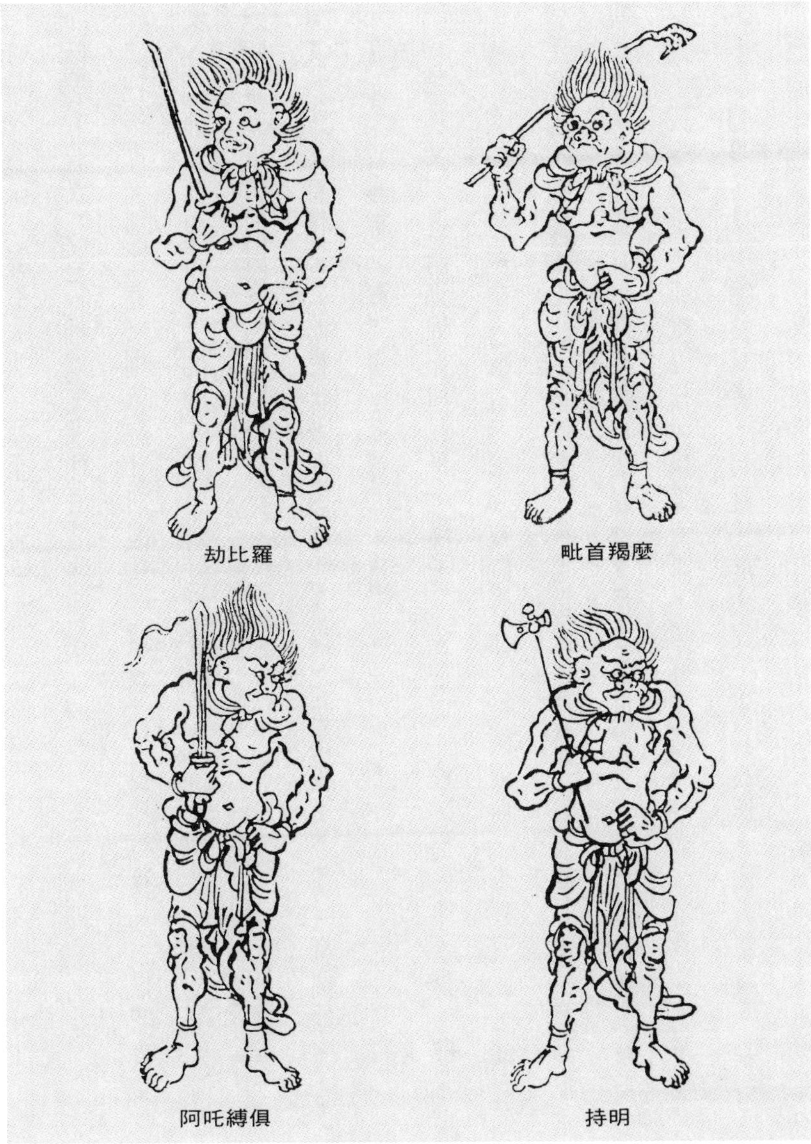

圖 63 夜叉眾

(2)虛空夜叉：具有大力，所至如風。

(3)宮殿夜叉：有種種娛樂及便身之物。

《注維摩詰經》卷一則依羅什的說法，將夜叉分為地行夜叉、虛空夜叉、天夜叉等三種。其中，地夜叉以昔在因地但行財施，故不能飛行，而天夜叉則以在因地時布施車馬的因緣，所以能飛行。

又，夜叉有惱害人的夜叉及守護眾生、護正法的夜叉二種。有關惱害人之夜叉，在《大吉義神咒義》卷三提到：

「諸夜叉、羅剎鬼等作種種形，師子、象、虎、鹿、馬、牛、驢、駝、羊等形，或作大頭其身瘦小，或青赤形，或時腹赤，一頭兩面，或有三面，或時四面，麁毛豎髮，如師子毛，或復二頭，或復剪頭，或時一目鋸齒長出，麁脣下垂，或復嵾鼻，或復耽耳，或復促項，以此異形，為世作畏。或持矛戟並三岐戈，或時捉劍，或捉鐵椎，或捉刀杖，揚聲大叫，甚可怖懼（中略），能令見者生大驚懼，普皆怖畏，又復能使見者，錯亂迷醉失守，猖狂放逸，飲人精氣。」

至於守護正法之夜叉，在佛典中則屢屢可見，如：《藥師如來本願經》中的

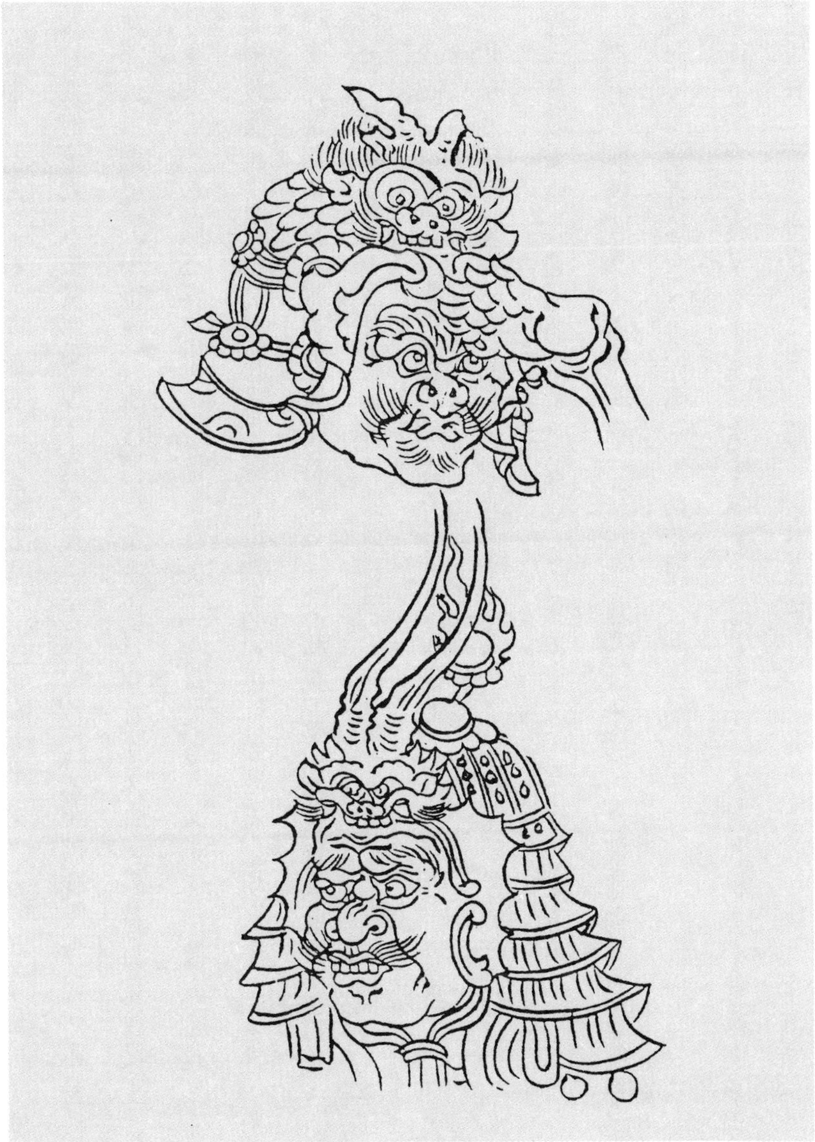

圖 64　夜叉神

十二神將，誓願衞護《藥師經》的受持者；《陀羅尼集經》卷三中誓願守護般若經及行人的十六大藥叉將（即十六善神），及毗沙門天王的夜叉眾等，不勝畋舉。新譯《華嚴經》中也舉有毗沙門夜叉王、自在音夜叉王、嚴持器仗夜叉王、大智慧夜叉王、焰眼主夜叉王、金剛眼夜叉王、勇健臂夜叉王、勇敵大軍夜叉王、富資財夜叉王、力壞高山夜叉王等各得解脫門，皆勤守護一切眾生。此外，胎藏界外金剛部院南方，也列有夜叉持明眾，《秘藏記》說此夜叉身爲赤肉色，右手持利劍，左手握拳，爲毗盧勒叉（即增長天）的眷屬。

另依《孔雀王咒經》卷下所載，有二十八夜叉大軍，守護十方國：

東方，有四夜叉大軍主，名：地呵（意爲長）、修涅多羅（意爲善根）、介那柯（意爲滿）、迦毗羅（意爲黃色），住於東方，常守護東方。

南方，有四夜叉大軍主，名：僧伽（意爲師子）、優波僧伽（意爲師子子）、儻起羅（意爲螺）、旃陀那（意爲栴檀）。

西方，有四夜叉大軍主，名：訶利（意爲師子）、訶利枳舍（意爲師子髮）、波羅赴（意爲自在）、冰伽羅（意爲蒼色）。

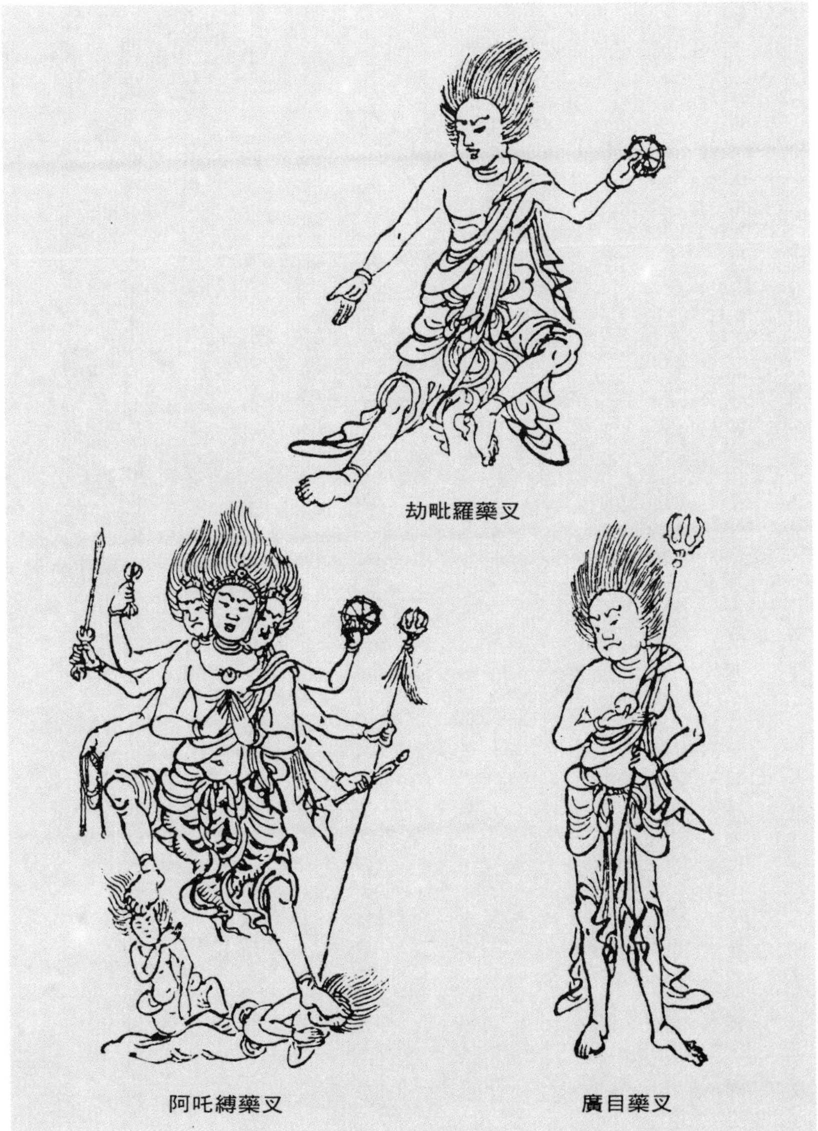

圖 65 夜叉眾

北方有四夜叉大軍主，名：陀羅那（意爲持）、陀羅難陀（意爲歡喜）、鬱庚伽波羅（意爲勤守）、別伽那（意爲圍）。

四維有四夜叉大軍主，名：般止柯（意爲五）、般遮羅旃陀（意爲可畏）、莎多祁梨（意爲七山主）、醯遮婆多（意爲雪山主）。

下方有四夜叉大軍主，名：部摩（意爲地）、修部摩（意爲善地）、柯羅（意爲黑）、優波柯羅（意爲小黑）。

上方有四夜叉大軍主，名：蘇摩（意爲月）、修利（意爲日）、惡祁尼（意爲火）、婆牖（意爲風）。

此二十八夜叉大軍主，各自住於十方，常守護十方，並以大孔雀王咒守護眾生。

在《守護大千國土經》卷中，列有諸藥叉名及住處：

「金花藥叉神，住於巇馱國；鼻色迦藥叉，摩竭陀國住；迦卑梨藥叉，婆嚕迦砌神；此二大藥叉，俱舍羅國住；鉢囉奔拏迦，娑醯城中住；針毛藥叉神，住於末利國；耶輸陀藥叉及以鼻沙拏，此二大藥叉，鉢左利國住；眼赤大藥叉，阿濕縛爾國；冰誐羅藥叉，住阿鉢底國；迦卑羅藥叉，吠爾勢國住；瓮腹藥叉神，住在末蹉國；清淨大藥叉，在於瑜羅國；能破他藥叉，彥馱羅國住；素哩弭怛囉，住於劍母國。」

又說有「一十六大藥叉將，有大威德皆具光明。所謂執金剛藥叉而為上首，謂法護藥叉、奔拏羅藥叉、迦卑羅藥叉、妙見藥叉、尾瑟攴藥叉、賓努藥叉、迦羅輪那藥叉、矩婆藥叉、真實藥叉、半支喻藥叉、魔醯首羅藥叉、能破壞藥叉、輸囉娑努藥叉、焰魔藥叉、及焰魔使者大藥叉等。大威德大力軍眾。與俱胝大藥叉俱共圍遶。

藥師十二神將

藥師十二神將，又稱為十二藥叉大將、十二神王。為守護《藥師經》及行持者的十二位夜叉神將。也有視之為藥師如來的化身。

依經軌所載，此十二藥叉之尊名及身形如下：

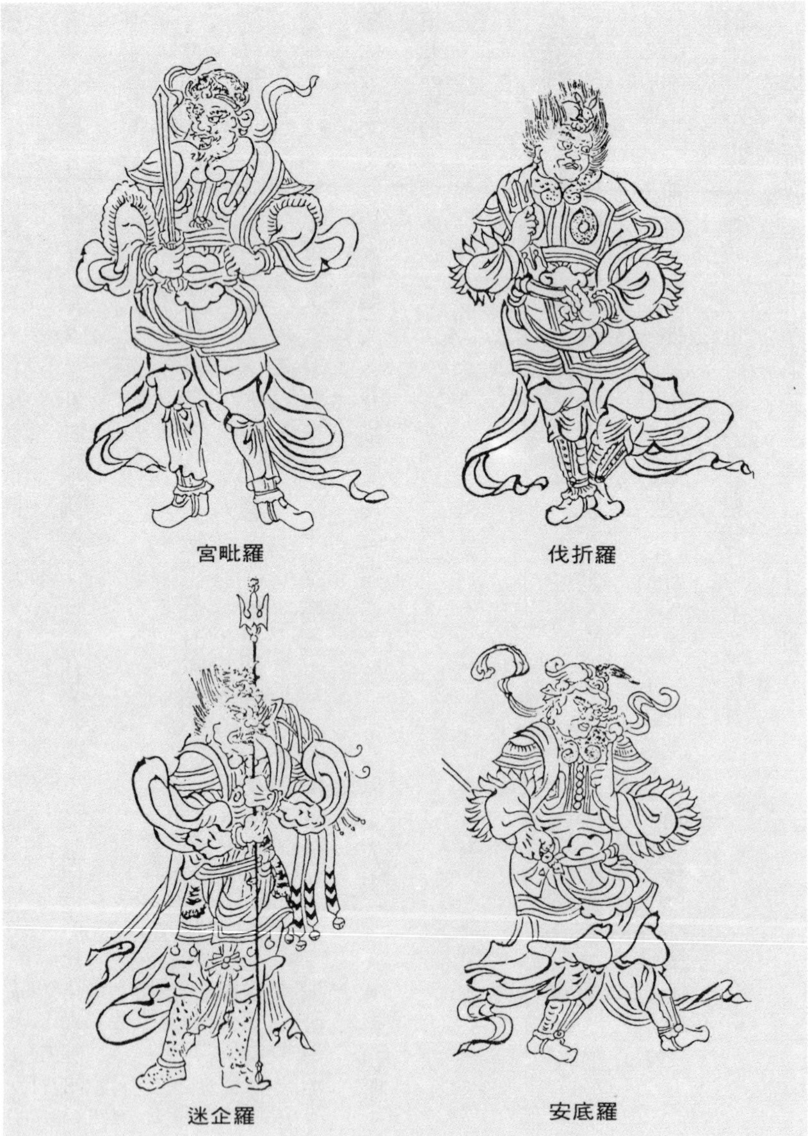

圖 66　藥師十二神將

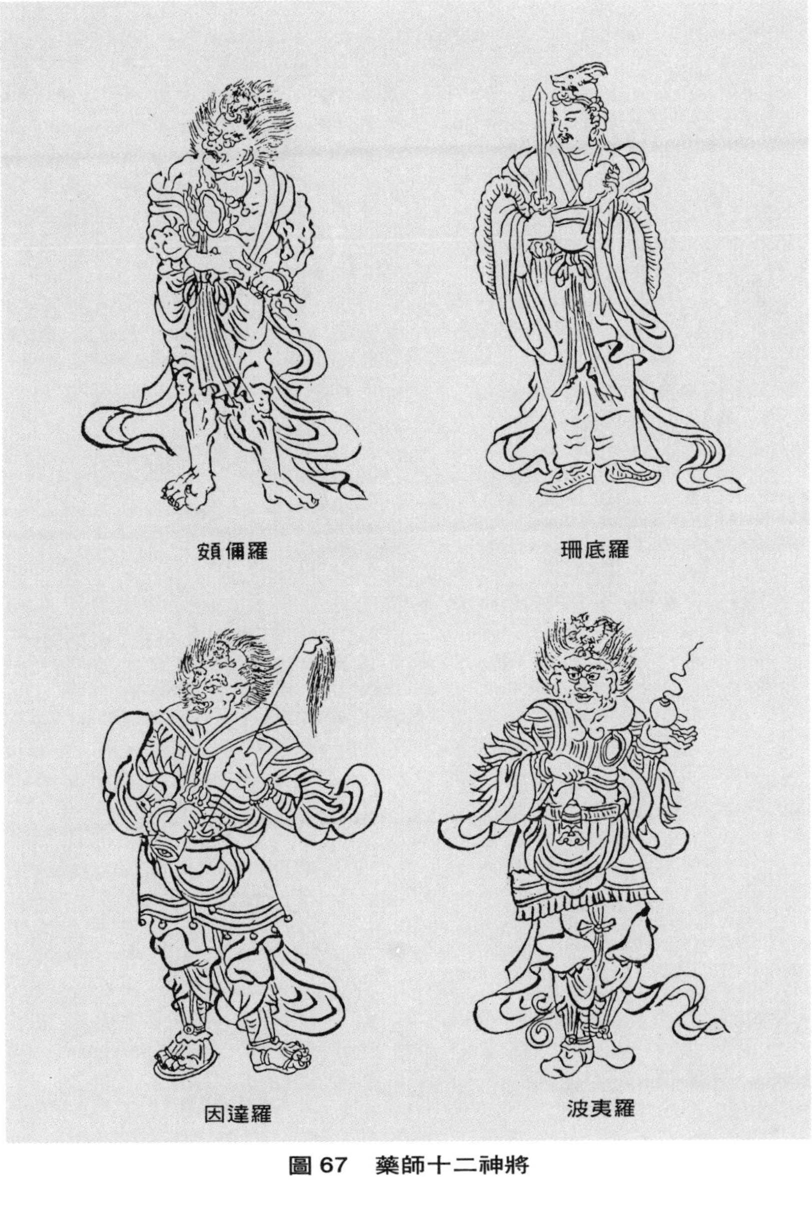

圖 67　藥師十二神將

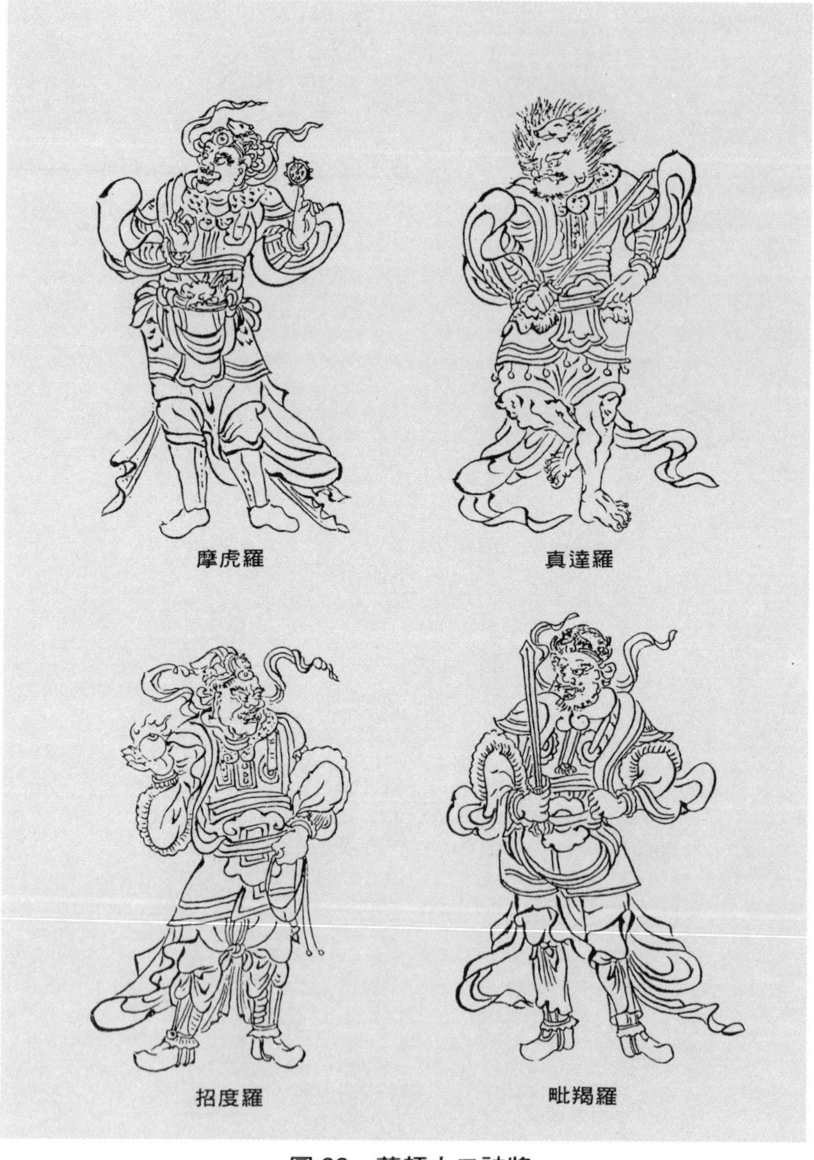

圖 68　藥師十二神將

(1)宮毗羅，又作金毗羅，意譯爲極畏。身呈黃色，手持寶杵，以彌勒菩薩爲本地。

(2)伐折羅，又作跋折羅、和耆羅，意譯爲金剛。身呈白色，手持寶劍，以大勢至菩薩爲本地。

(3)迷企羅，又作彌佉羅，意譯爲執嚴。身呈黃色，手持寶棒或獨鈷，以阿彌陀佛爲本地。

(4)安底羅，又作頞儞羅、安捺羅、安陀羅，意譯爲執星。身呈綠色，手持寶鎚或寶珠，以觀音菩薩爲本地。

(5)頞儞羅，又作末爾羅、摩尼羅，意譯爲執風。身呈紅色，手持寶叉或矢，以摩利支菩薩爲本地。

(6)珊底羅，又作娑儞羅、素藍羅，意譯爲居處。身呈煙色，手持寶劍或螺貝，以虛空藏菩薩爲本地。

(7)因達羅，又作因陀羅，意譯爲勢力。身呈紅色，手持寶棍或鉾，以地藏菩薩爲本地。

(8)波夷羅，又作婆耶羅，意譯爲執食。身呈紅色，手持寶鎚或弓矢，以文殊菩薩爲本地。

(9)摩虎羅，又作薄呼羅、摩休羅，意譯爲執言。身呈白色，手持寶斧，以藥師佛爲本地。

(10)真達羅，又作真持羅，意譯爲執想。身呈黃色，手持羂索或寶棒，以普賢菩薩爲本地。

(11)招度羅，又作朱杜羅、照頭羅，意譯爲執動。身呈青色，手持寶鎚，以金剛手菩薩爲本地。

(12)毗羯羅，又作毗伽羅，意譯爲圓作。身呈紅色，手持寶輪或三鈷，以釋迦牟尼佛爲本地。

又《藥師如來本願功德經》所載，此十二藥叉大將，一一各有七千藥叉以爲眷屬。並誓願守護藥師行人：「世尊！我等今者蒙佛威力，得聞世尊藥師琉璃如來名號，不復更有惡趣之怖。我等相率皆同一心，乃至盡形歸佛法僧，誓當荷負一切有情，爲作義利饒益安樂，隨於何等村城、國邑、空閑林中，若有流布此經

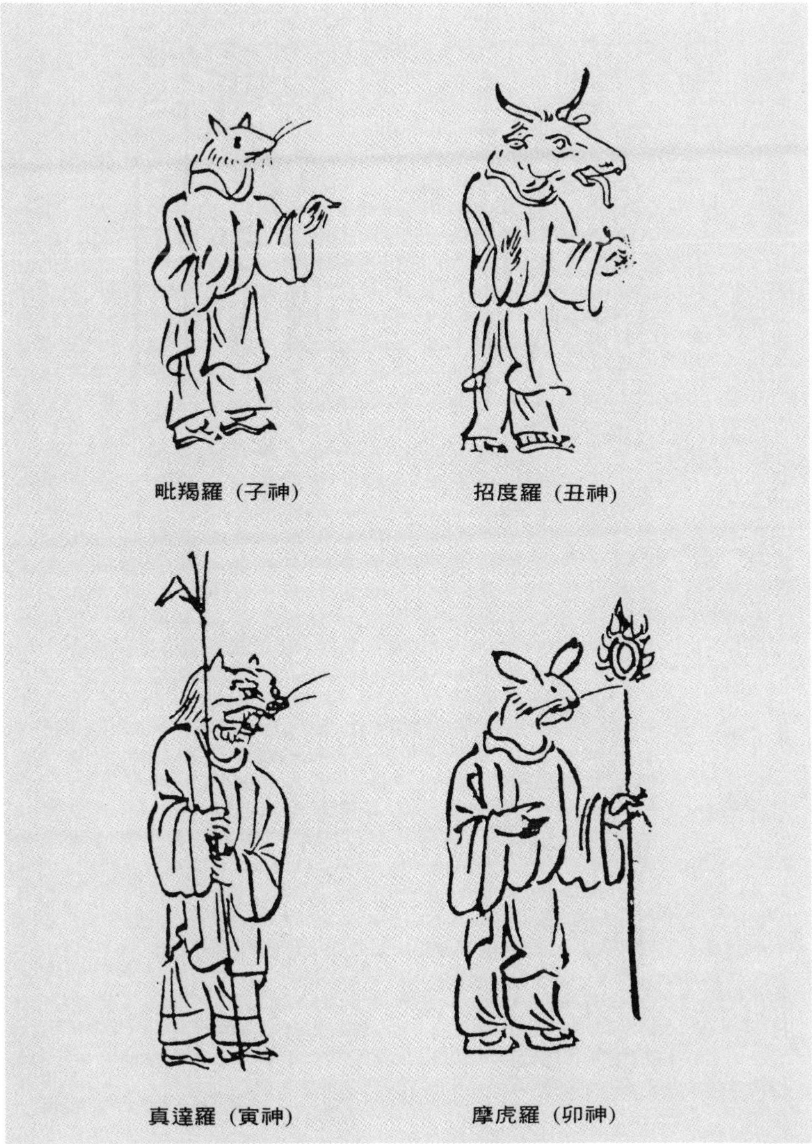

圖 69　獸首人身的十二藥叉大將

波夷羅（辰神）

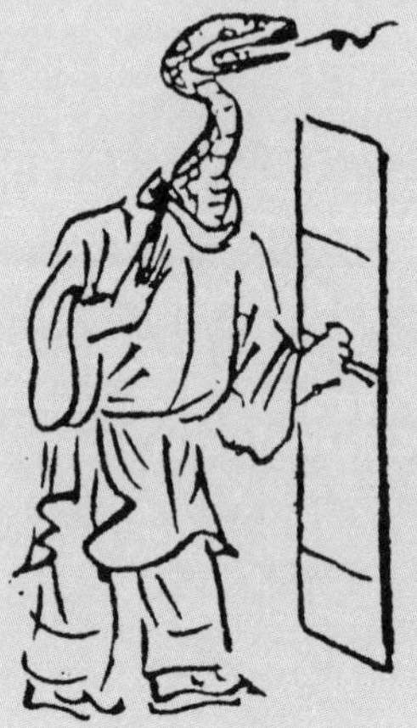

因達羅（巳神）

珊底羅（午神）

頞儞羅（未神）

圖 70　獸首人身的十二藥叉大將

圖 71 獸首人身的十二藥叉大將

，或復受持藥師琉璃光如來名號恭敬供養者，我等眷屬衛護是人，皆使解脫一切苦難，諸有願求悉令滿足；或有疾厄求度脫者，亦應讀誦此經，以五色縷結我名字，得如願已然後解結。」

又有將這十二神將配在晝夜十二時辰、及四季十二個月份裏，輪流率領眷屬守護眾生的說法流傳。

或有將十二神將與十二獸配列在一起，認爲這十二神將是藥師佛的分身，在十二時辰中分別以十二獸爲坐騎（或化爲分具十二獸頭形之獸首人身像）去守護行人。在日本的密教圖像裏，所畫的十二神將圖，往往與十二生肖相結合。有些是獸形爲首而具人身，有些則是人首人身而在頭髮上方分別有十二生肖的圖像。

關於十二藥叉在不同經軌中的譯名，及其本地、持物、身色等表列如下：

本願經	七佛經	消災軌	身色	持物	十二支	本地
宮毗羅	宮毗羅	金毗羅	黃	寶杵	亥神	彌勒
伐折羅	跋折羅	和耆羅	白	寶劍	戌神	大勢至
迷企羅	迷企羅	彌佉羅	黃	獨鈷（棒）	酉神	阿彌陀

本願經	七佛經	消災軌	身色	持物	十二支	本地
安底羅	頞儞羅	安陀羅	綠	寶珠（鎚）	申神	觀世音
頞儞羅	末儞羅	摩尼羅	紅	寶叉（矢）	未神	摩利支
珊底羅	娑儞羅	素藍羅	煙	螺貝（劍）	午神	虛空藏
因達羅	因陀羅	因達羅	紅	寶棍（鉾）	巳神	地藏
波夷羅	波夷羅	婆耶羅	紅	寶鎚（弓矢）	辰神	文殊
摩虎羅	薄呼羅	摩休羅	白	寶斧	卯神	藥師
真達羅	真達羅	真持羅	黃	羂索（寶棒）	寅神	普賢
招度羅	朱杜羅	照頭羅	青	寶鎚	丑神	金剛手
毗羯羅	毗羯羅	毗伽羅	紅	寶輪（三鈷）	子神	釋迦

毗沙門天王八大藥叉將

八藥叉大將爲毗沙門天的眷屬，又稱爲夜叉八大將、八大天王、毗沙門八兄弟或八大夜叉，爲八部眾之一。即：

(1)摩尼跋陀羅（Manibhadra）。

(2)布嚕那跋陀羅（Purṇabhadra）。

(3)半只迦（Pañcika，舊譯爲散脂）。

(4)娑多祁哩（Satagiri）。

(5)醯摩縛多（Hemavata），居於雪山。

(6)毗灑迦（Viṣaka）。

(7)阿吒縛迦（Aṭavaka）即太元明王，又稱曠野神、曠野夜叉。

(8)半遮羅（Pācāla），即教令使。

雪山八大藥叉

有八大藥叉住於雪山中，常擁護行者，依《出生無邊門經》記載，此八大藥叉爲：(1)戍羅（Cūra），(2)涅哩荼（Driḍha）(3)鉢囉部（Prabhu），(4)那羅延末羅（Narayana-bala），(5)左哩怛囉末底（Caritra-mati），(8)蘇摩呼（Subahu）。

此經有很多種異譯，其中或將第二稱爲照明十方，第三稱爲多所饒益神，第四稱爲龍王大力，第五稱爲實行或法用，第六稱爲曲齒或長牙鋒出。

十六善神

十六善神，又稱爲十六神王、十六夜叉神、十六大藥叉將、般若十六善神或般若守護十六善神等。是指守護般若經及持誦者的十六尊夜叉善神。

據《陀羅尼集經》卷三列有十六善神之名號爲：⑴提頭賴吒神王，⑵禁尾嚕神王，⑶跋折嚕神王，⑷迦毗嚕神王，⑸咩闥嚕神王，⑹鈍徒毗神王，⑺阿儞嚕神王，⑻娑儞嚕毗神王，⑼印陀嚕神王，⑽婆姨嚕神王，⑾摩休嚕神王，⑿鳩毗嚕神王，⒀真陀嚕神王，⒁跋吒徒嚕神王，⒂尾迦嚕神王，⒃俱韓嚕神王。

經中並詳述這十六善神於佛前自誓說：「我等歸命佛、法、僧寶，常隨擁護佛法僧眾。若王、大臣、比丘、比丘尼、優婆塞、優婆夷等。及一切眾生，受持此法，若讀、若誦、若聽、若念；又復念佛，若坐禪者，我等十六藥叉將及諸眷屬，隨其行處而衞護之。若國城邑，若聚落中，若空閑林中，如是等處，若有念

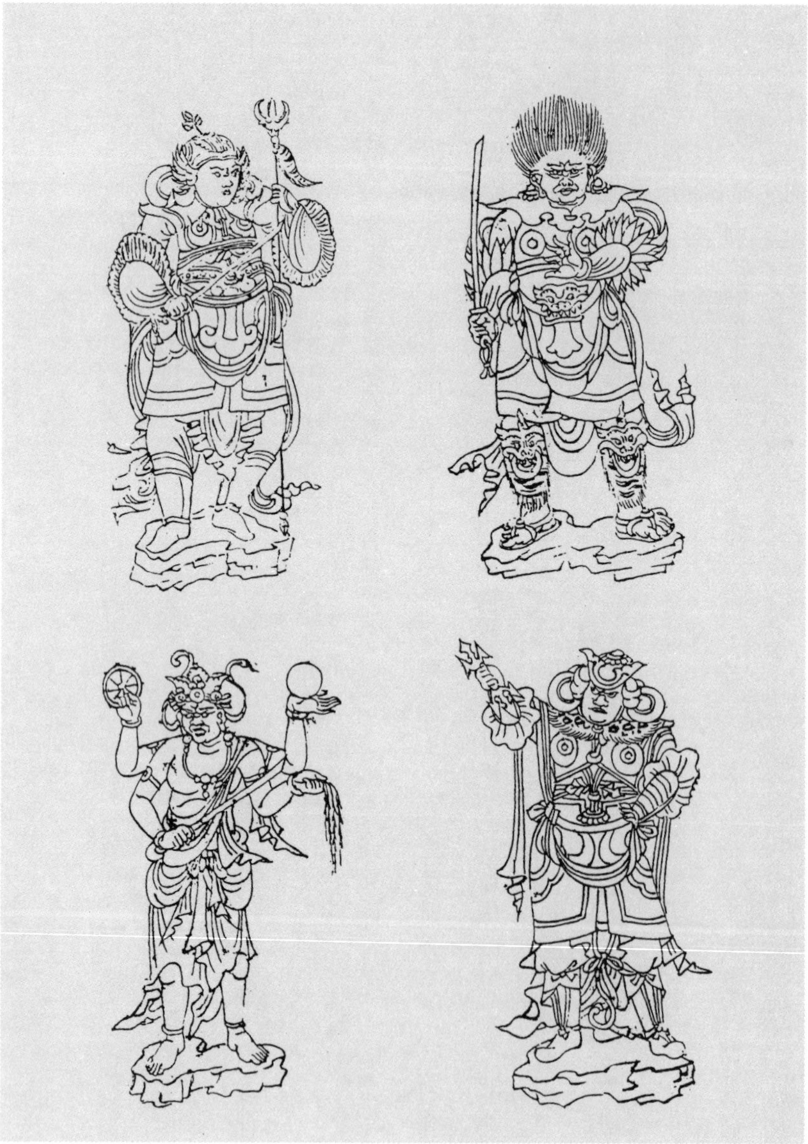

圖 72　十六善神

圖 73　十六善神

圖 74　十六善神

圖 75　十六善神

此般若波羅蜜多名者，我等眷屬悉皆擁護。若人持此般若波羅蜜多時，忽遇一切諸難事者，我等眷屬共相擁護，若有人欲得般若波羅蜜多成就者，我等眷屬使滿其願。」

然而，也有說十六善神是爲藥師十二神將與四天王。

關於此十六善神的尊形，除《別尊雜記》繪有其像外，在唐朝金剛智也繪有十六善神圖（後被日僧空海攜回日本），呈神王形，以釋迦如來爲中心，左右有文殊、普賢、法涌與阿難、玄奘與深沙大將等並列，兩側則分列十六善神，但此圖所列的尊名與上述略有差異。

曠野神

曠野神（梵名Āṭavika），音譯阿吒嚩迦、阿吒薄俱、阿吒婆拘、遏吒薄俱、遏吒薄。意譯林人或林住。又稱曠野鬼神、曠野鬼、曠野夜叉、曠野鬼神大將，爲十六藥叉神之一。

圖 76　曠野神（大元帥明王）

由於此鬼神多住於曠野聚落，常食眾生，後雖爲佛所教化，仍以食血肉爲生，所以佛陀制戒，隨有佛法修行者之處，皆當施彼飲食。古來修施食法中，有施與曠野神者，即因此之故。

而在《大唐西域記》卷七〈戰主國〉條下則有，殑伽河之北，那羅延天祠之東三十餘里有窣堵波，乃佛陀教化降伏曠野鬼之處的記載。《高僧法顯傳》則：「順恆水西下十由延，得一精舍，名曠野，佛所住處。」

《阿吒薄俱元帥大將上佛陀羅尼經修行儀軌》中記載，當佛欲涅槃時，諸魔鬼神等，知佛欲涅槃便來嬈亂阿難，這時有陀吒薄俱元帥乃心瞋怒，就召一切天、龍等八部鬼神眾等，齊至佛所請佛住世。佛並以囑咐其：「汝等元帥於諸神中最爲上首，威力奇特不可思議，爲如來護念。於吾滅後，守護法藏并及眾生，令離苦難。」

在《起世經》卷六〈四天王品〉云：「毗沙門王有五夜叉，恆常隨逐，侍衛左右，爲防護故。何者爲五？一名五丈，二名曠野，三名金山，四名長身，五名針毛。」是說其爲毗沙門天王的衛侍眷屬。

圖 77　大元帥明王

《阿吒薄倶元帥大將上佛陀羅尼經修行儀軌》卷中則列之爲十六藥叉大將之一。

《慧琳意義》卷十二也說：「阿吒嚩迦……，壙野鬼神大將名也，或名遏吒薄倶，語聲轉皆一也。俗名元帥大將，非也，十六大藥叉將之一將也。」但在密教中則名之爲大元帥明王，係諸鬼神之王，能攘諸障難，爲守護國土之神。

關於其尊形，據《觀佛三昧海經》卷二所載爲：「曠野鬼神大將軍等，一頸六頭，胸有六面，膝頭兩面，舉體生毛，狀如箭鏃，奮身射人，張眼焰赤，血出流下，與諸兇類疾走而到。」

《阿吒薄倶元帥大將上佛陀羅尼經修行儀軌》中，則描述：「畫阿吒薄拘元師，身黑青色，身長丈尺。四面：當前作佛面；左面虎牙相叉，三眼，眼赤如血；右面作神面，瞋相，亦虎牙相叉，三眼，左右安牙髭髮；頭上一面作惡相，亦三眼，虎牙相叉，眼赤如血色；最上頭用赤龍纏髻，火焰連聳頂上，身懸蛇，八臂。左上手執輪，次執槊，次與右第三手當前合掌作供養印，次下手執索，右上手執跋折羅，次下手執棒，次下手作印，次下手執刀。即腕臂上皆纏蛇，著七寶絞絡甲。膊上皆龍，龍胳胸前出，三面皆赤黃，二眼合口，其上左右面皆青黑奧色。上面黃白色，右面白色，左面赤黑色，前面青白色。手皆青色，象頭皮作行纏，腳著履，蹈二藥叉，皆黑色。其神作極惡相，可畏、雄壯，如前奮迅形作。」

另於《阿吒薄俱元帥大將上佛陀羅尼經修行儀軌》卷中，佛陀也應定自在王菩薩之請，說此元帥大將的本生：彼大將於空王如來所修菩薩行，其佛滅後末法之時，眾生福薄三年炎旱，赤地千里流水枯竭，一切眾生迷失本性，飢渴盈路。

此時，曠野神為一居士，其家大富，見彼眾生受如是苦，即捨妻子眷屬，身著故破衣，擔水與食。行迴處處，救人飢渴，作如是行，於六十年中而不休息勤行。

後遂遭荒亂，遇諸狂賊圍繞執縛、呵責。時彼行者自知無罪，即自言：「今者群賊仰願放我手足，頂禮十方歸命三寶，我今年已朽邁，將死不欠。」群賊聞之，即放其手足。行者菩薩踴躍歡喜，即告天云：「十方賢聖當證知無辜橫執縛。」發此語已，天地大動、十方諸佛雲集。而彼狂賊自迷慌失性，悶絕于地，時彼行者慈悲不捨，遂便執行者引刀而殺。行者臨終之日，發大誓言：「一切賢聖當證知，我今日無辜橫死，願我捨此身體，當作大力勇猛之神。無量無邊威伏惡賊惡人，摧碎極惡天魔鬼神。若十方世界眾生，有枉橫者，我皆救之，皆令安穩。以此願力故，今生作無邊自在元帥大將，於諸神中最尊最上第一之身，故名爲元帥鬼神大將阿吒婆拘爾。

散脂大將

散脂（梵名 saṃjñeya），意譯作僧慎爾耶；又稱爲散脂迦大將、散支大將或是僧慎爾耶大藥叉（梵名 Saṃjñeya-mahā-yakṣa）、散脂鬼神等等。意譯作正了知。

在《金光明最勝王經》中此大將於佛前自說：「世尊！何故我名正了知？此之因緣是佛親證，我知諸法，我曉一切法，隨所有一切法，如所有一切法，諸法種類體性差別，世尊，如是諸法我能了知，我有難思智光，我有難思智炬，我有難思智行，我有難思智聚，我於難思智境而能通達。世尊，如我於一切法，正知

圖 78　散脂大將

正曉正覺能正觀察，世尊，以是因緣我藥叉大將名正了知。」

散脂大將爲北方毗沙門天王八大將之一，又名半只迦（Pancika）。

或說其爲鬼子母訶帝利母的次子，父名德叉迦，也有說爲鬼子母之夫。另據《觀佛三昧海經》卷七所載，形狀甚爲醜惡，胸部有三面，臍有兩面，兩膝有兩面，其面如象，獠牙似犬，眼中出火，火皆下流。然，亦有其他不同造形的傳圖。

此大將同時也是二十八部藥叉的統令，護持佛法不遺餘力，常率其部眾眷屬，參與法令，護持正法行人及守護諸佛法。在《金光明最勝至經》中並述及，此經流布之處，散脂大將與其二十八部藥叉諸神且能使說法師言詞辯了具足莊嚴，亦令身力充足威神勇健，諸根安樂常生歡喜等等殊勝利益。

聽法及受持此經者，也會蒙其救護攝受，令無災橫離苦得樂。由此可見散脂大將對佛法的擁護及悲願。

圖 79　僧慎爾耶藥叉

第三章 羅剎

羅剎（梵名 rāksasa），又稱作羅剎娑、邏剎娑、羅叉娑、羅乞察娑、阿落剎娑。意譯作可畏、護者、速疾鬼。乃指吃食人肉的惡鬼。屬四天王所率領的八部眾之一。在《觀佛三昧海經》卷二〈觀相品〉中曾描述：「諸羅剎王背黑如漆，胸白如月，眼如盛火，頭髮蓬亂如縛刺束，狗牙上出狀如鉚劍，手十指爪利如鋒芒，腳有十爪縱橫如劍，以鐵羈頭疾走而至。」

又，女性的羅剎稱爲羅剎斯（rakṣasi），或作羅叉私。《玄應音義》卷二十四云：「羅剎娑，或云阿落剎娑，是惡鬼之通名也。又云羅叉娑，此云護者；若女則名羅叉私。舊云羅剎訛略。」

圖 80 羅剎天

《慧琳音義》卷七記載：「羅刹娑，梵語也，古云羅刹，訛也（中略）乃暴惡鬼名也。男即極醜，女即甚姝美，並皆食啖於人。別有羅刹女國，居海島之中。」同書卷二十五也說：「羅刹，此云惡鬼也。食人血肉，或飛空、或地行，捷疾可畏。」

此中，有關羅刹女國，在《佛本行集經》卷四十九〈五百比丘因緣品〉中記載，舍利弗及其五百弟子過去世爲商人入海覓求珍寶時，曾經到過羅刹國，爲羅刹女所困，後賴商主（即舍利弗過去生）的機智及馬王（即世尊過去生）的救援，才得安全歸返。

這一則在《有部毗奈耶》卷四十七、《大毗婆沙論》卷七十八、梵文《大事》（Mahāvastu），及《大唐西域記》卷十一〈僧伽羅國〉條下，也都有記載。《大唐西域記》中記載的故事與上〈佛本行集經〉中所說大致略同，唯商主名僧伽羅爲釋迦佛本生，而羅刹女居住之寶洲則建國成僧迦羅國。

依《大唐西域記》及《有部毗奈耶》的記載，所謂羅刹女國，即是指錫蘭島。而以錫蘭爲羅刹住處之說，似源自印度古代之史詩《羅摩衍那》。依該史詩描

圖 81　羅剎天

述，主角羅摩（Rāma）曾渡楞伽島（即今錫蘭島）討伐鬼王邏伐拏（Rāvaṇu），救出其妃息妲。

此外，或有說法認爲，所以稱之爲羅剎，是因爲南印度住民，原有噉食人肉的習俗所致。

而《法華經》〈普門品〉中也有「入於大海，假使黑風吹其船舫，飄墮羅剎鬼國」的記載。

此外，另有一說指羅剎乃地獄中的獄卒，職司懲罰罪人。如《大智度論》卷十六說，惡羅剎獄卒作牛、馬等種種形，呑噉、齩囓罪人。《俱舍論》卷十一也說：「琰魔王使諸邏剎娑，擲諸有情置地獄者。」

然而，羅剎雖爲惡鬼，但在佛典中，卻常常可以見到諸羅剎王及羅剎眾等等，誓願守護佛法及正法行人的記載，成爲佛教的護法神，他們更是常參與法會，隨佛聞法歡喜奉行。

如守護《法華經》的十羅剎女及《大孔雀呪王經》中也列舉種種羅剎女，共同守護行人。在《大方等大集經》卷一中則提到有住廁羅剎、產乳羅剎等侍從佛

圖 82　羅剎天

陀。

而在密教中，則將之列為護世八方天及十二天之一，守護西南方，稱為羅剎天，在胎藏曼荼羅中，其位列外金剛部院西南方，金剛界則安置最外院西南隅。

由此可知，羅剎雖為惡鬼之謂，但也有諸羅剎王眾等悲願廣大，意樂正法，恆常護持佛法、利益世間，密護一切正法行人。

《守護大千國土經》中的諸尊羅剎

在《守護大千國土經》也載有諸羅剎名：

銅髮羅剎娑、銅牙剎娑、銅眼羅剎娑、銅手羅剎娑、身如銅棒羅剎娑、銅鼻羅剎娑、懸頭背面羅剎娑、手足炎熾羅剎娑、諸根不具羅剎娑、傴僂羅剎娑、金翅鳥形羅剎娑、惡眼惡視羅剎娑、惡面羅剎娑、摩竭魚形羅剎娑、獸形羅剎娑、醜陋羅剎娑、鏵嘴羅剎娑、長脣羅剎娑、偏牙羅剎娑、毒害羅剎娑、常嚬眉面羅剎娑、大腹羅剎娑、象耳羅剎娑、耽耳羅剎娑、無耳羅剎娑、長臂羅剎娑、長鼻羅剎娑、長手羅剎娑、體乾枯羅剎娑、身長羅剎娑、髮長羅剎娑、長莊嚴羅剎娑、大足羅剎娑、細頸羅剎娑、嗅氣羅剎娑、瓮腹羅剎娑、猴形羅剎娑、鵝形羅剎娑、持杵羅剎娑、腹如棒羅剎娑、堅眼羅剎娑、大耳羅剎娑、髮豎羅剎娑、赤色羅剎娑、大頭羅剎娑、弓項羅剎娑、腹曲羅剎娑、肌瘦羅剎娑、雨火羅剎娑、須彌頂羅剎娑。並說如是等大剎娑皆具威德有大神力。

又有諸藥叉女及大羅剎女，以訶利帝母爲上首，所謂：阿俱吒羅剎女、迦利迦囉羅剎女，胝迦利羅剎女、鉢捺麼羅剎女、花主羅剎女、花齒羅剎女、廣目羅剎女、驢耳羅剎女、贊那努羅剎女、尾瑟吱羅剎女、訶利羅剎女、迦閉羅羅剎女、冰誐羅羅剎女、象形色羅剎女、龍齒羅剎女、峰牙羅剎女、惡牙羅剎女、賀羅羅剎女。阿賀羅羅剎女賢牙羅剎女。

又說：如是等諸羅剎女皆具威德，有大光明現可畏形，各持戰具十方馳走，食啖於人及諸生命。其所行處地皆搖動，園林枯死草木乾燋，一切山岳悉皆摧毀。

供養十二獸的羅刹女

在《大方等大集經》卷二十三中記述，在閻浮提外南、西、北、東方四方海中各有一山，每山各住有三種神獸，各由羅刹女及五百眷屬所供養。

南方：有名爲潮的琉璃山，住有蛇、馬、羊三獸，由山樹神及善行羅刹女所供養。

西方：有名上色的頗梨山，住有猴、雞、犬三種獸，由火神、眼見羅刹女所供養。

北方：有名菩提月的銀山，住有豬、鼠、牛三神獸，由動風風神、天護羅刹女所供養。

東方：有名功德相的金山，住有師、兔、龍，由水天水神及修慚愧羅刹女所供養。

此十二獸晝夜常行閻浮提內，天人恭敬，功德成就已，於諸佛所發深重願，一日一夜常令一獸遊行教化，餘十二獸安住修慈心，周而復始。而這十二獸所教化的是與其同類的眾生。

十羅剎女

十羅剎女，是指護持《法華經》的十位羅剎女，在《法華經》卷七〈陀羅尼品〉中記載，在藥王菩薩、勇施菩薩、毗沙門天王、持國天王各自說陀羅尼神咒擁護受持《法華經》者後，「爾時有羅剎女等，一名藍婆，二名毗藍婆，三名曲齒，四名華齒，五名黑齒，六名多髮，七名無厭足，八名持瓔珞，九名睪帝，十名奪一切眾生精氣。是十羅剎女，與鬼子母并其子及眷屬，俱詣佛所，同聲白佛言，世尊，我等亦欲擁護讀誦受持法華經者，除其衰患，若有伺求法師短者，令不得便。」

依《法華十羅剎法》所載並參考其他說法，各羅剎女形象為：

(1)藍婆（意為結縛）：形如藥叉，衣色青，右手持獨股當右肩，左手持念珠，即立左膝當居彼上，面肉色。也有作右手按劍，左手持經卷。

(2)毗藍婆（離縛）：形如龍王，右手把風雲，左手把念珠，衣色碧綠，面色白，前立鏡臺。或有作雙手敲鈸。

(3)曲齒（或名施積）：形如天女仙，衣色青，面伏低，前捧香花長跪居，半跏坐。也有作手持花籠的立像。

(4)花齒（意爲施華）：形如尼女，衣色紫，右手把花，左手把花盤，面稍低。或有作右手下垂，屬左手持寶珠。

(5)黑齒（或名施黑）：形如神女，衣色都妙色，右手取叉，左手軍持，猶如守護之形，半跏坐。或有左手執寶幢，右手屈置胸前。

(6)多髮（或名披髮）：形如童子滿月，肉色乾達女，右手銅環取，左手如舞，長跪居。或於右手執寶幢，左手屈於胸前。

(7)無厭足（或名無著）：形如頂經之形，恆守護，衣色淺㖞。或作左手執水瓶，右手持蓮瓣。

(8)持瓔珞（或名持華）：形如吉祥天女，左右手持瓔珞，衣色金，面肉色，結跏趺坐。或有作雙手持瓔珞的立像。

⑼皐帝（或名何所）：形如頂鳴女形，衣色紅青，右手把裳，左手持獨股，如打物形，立膝居。或有作雙手捧經篋。

⑽奪一切眾生精氣：形如梵王帝釋女，帶鎧伏甲，出頂馬頭他，忿怒形，右手持杵，左手持三股，衣色楝雜色，結跏趺坐。或有像作雙手合十而立。

另於《妙法蓮華三昧祕密三摩耶經》中，金剛薩埵問世尊十羅剎之本源，毗盧遮那佛答言，十羅剎女本有三覺，即等覺、妙覺、本覺。初四羅剎女（藍婆、毗藍婆、曲齒、華齒）乃淨行等四大菩薩（上行、無邊行、淨行、安立行），第五羅剎女（黑齒）為釋迦牟尼，以上配屬「妙覺」。中之四羅剎女（多髮、無厭足、持瓔珞、皐帝）為八葉四大菩薩（普賢、文殊、觀音、彌勒），以上配屬「等覺」。第十羅剎（奪一切眾生精氣）為多寶如來，配屬「本覺」。

《大孔雀呪王經》中的羅刹女諸尊

在《大孔雀呪王經》卷中分別列舉有諸羅刹女尊名，謂其均「於大菩薩剛入胎時、初誕生時、及生已後，此等諸神常爲衞護。」又說：「此等羅刹女，有大神力、具大光明，形色圓滿，名稱周遍。天、阿蘇羅共戰時，現大威力。彼亦以此大孔雀呪王，守護我某甲并諸眷屬壽命百年。」如：

有八大羅刹女名爲：謨訶、蘇四磨、矩舍惡器、雞施膩、甘蒱侍、蘇蜜怛羅、盧呬多惡器、迦折邏。

十大羅刹女名爲：訶利底羅刹女、難陀羅刹女、冰揭羅羅刹女、商企儞羅刹女、哥夷迦羅刹女、提婆蜜怛羅羅刹女、君多羅刹女、槊牙羅刹女、藍毗迦羅刹女、頞捺羅羅刹女。

十二大羅刹女名爲：無主羅刹女、大海羅刹女、毒害羅刹女、斷他命羅刹女、明智羅刹女、持弓羅刹女、持箭羅刹女、持犁羅刹女、持刀羅刹女、持輪羅刹女、圍輪羅剎女、可畏羅剎女。

復有一大畢舍旨，名曰一髻。是大羅剎婦，住大海邊，聞血氣香，於一夜中，行八萬踰繕那。此亦如前，於下生菩薩常爲衛護。」

更說有七十二大羅剎女名曰：劫畢羅羅剎女、鉢豆磨羅剎女、莫呬史羅剎女、謨利迦羅剎女、那利迦羅剎女、篇入刺儞羅剎女、羯刺施羅剎女、毗末羅羅剎女、達刺儞羅剎女、訶利旃達羅剎女、胡盧呬儞羅剎女、末唎支羅剎女、呼多扇儞羅剎女、婆嘍儞羅剎女、哥利羅剎女、高渾折羅剎女、跋羅羅剎女、揭刺散儞羅剎女、羯囉智羅剎女、冰揭邏羅剎女、末登祇羅剎女、頻度囉羅剎女、瞿利羅剎女、健陀利羅剎女、俱槃值羅剎女、迦楞祇羅剎女、曷羅末羅剎女、末達儞羅剎女、頞扇儞羅剎女、食胎羅剎女、食血羅剎女、憚妒邏羅剎女、驚怖羅剎女、跋刺寐羅剎女、怛荼筏波利羅剎女、執金剛羅剎女、肩持羅剎女、答磨羅剎女、行雨羅剎女、震雷羅剎女、開發羅剎女、擊電羅剎女、足行羅剎女、鵂鶹口羅剎女、持地羅剎女、黑夜羅剎女、鬼王使羅剎女、菴末羅剎女、蘇跋邏羅剎女、高髻羅剎女、百頭羅剎女、百臂羅剎女、百目羅剎女、常害羅剎女、摧破羅剎女、末折喇羅刹女、跋折羅羅刹女、夜行羅刹女、晝行羅刹女、愛莊羅刹女、羯喇炭那羅刹女、輕欺羅刹女、持斧鉞羅刹女、持三叉羅刹女、牙出羅刹女、意喜羅刹女、蘇磨羅刹女、旃荼羅刹女、惲多羅刹女、呬林婆羅刹女、尼邏羅刹女、質怛邏羅刹女。

而《孔雀王咒經》則列有十四羅刹女：一名黑闇、二名作黑闇、三名鳩槃茶、四名白居、五名華眼、六名取子、七名取髮、八名作黃、九名垂下、十名極垂下、十一名伺便、十二名閣羅使、十三名閣羅刹、十四名噉鬼。

鬼子母神（訶利帝母）

鬼子母神（梵 Hāriti），夜叉女之一。音譯訶利帝，意譯又作歡喜母、鬼子母、愛子母。

關於鬼子母神的本生，在《根本說一切有部毗奈耶雜事》卷三十一中，說此母在過去世爲一王舍城中牧牛人的妻子，當時世間並無佛出世，只有獨覺爲世間

圖 83　訶利帝母

福田，牧牛人之妻以酪漿買得五百菴沒羅果，供養一遊行至王舍城的獨覺聖人，並以此布施功德發下惡願，願其當來生王舍城，城中現在人眾所生之子，其皆取食，後來果真如願生王舍城作藥叉女，生五百子。

同卷又說，此藥叉女名曰歡喜，父爲王舍城藥叉神娑多，及長，嫁于北方健陀羅國藥叉半遮羅之子半支迦，生子五百，最小兒名愛兒。藥叉女歡喜因前生邪願的緣故，常噉食王舍城中的幼兒。於是王舍城中人人苦惱憂惶，不知如何是好。後經守護王舍城的天神指示，才知是訶利底藥叉女所爲，便依天神所教，往詣佛陀，祈請佛陀慈悲調伏此藥叉女。

佛陀應允後，就前往訶利底藥叉女的住處，趁藥叉女不在時，將她的小子愛兒覆在鉢中，令人不見。

藥叉女回到住所不見小兒，立即驚慌地四處奔走尋覓，在城中找不著後，便搥胸悲泣，大聲號叫，幾欲癲狂；於是更至四方四海，乃至地獄，層層天界痛切迷亂、悲號啼泣的尋找。直尋至多聞天，多聞天才指點她可前往世尊的處所，便可見到她的愛兒。

圖 84　訶利帝母與其愛子

訶利底藥叉女來至世尊所，祈求世尊讓她見她的小子愛兒。佛陀就訓誡她：「妳僅失五百子中的一子，就如此悲痛欲狂，那些被妳吃掉幼兒的父母，又是會如何的痛苦呢？」

訶利底女聞了佛陀的教誨，頓然悔悟，從此便依佛陀的教勅，不但不再危害世人，並接受佛陀「於我法中，若諸伽藍，僧尼住處，汝及諸兒常於晝夜勸心擁護，勿令衰損，令得安樂，乃至我法末滅已來，於贍部洲應如是作」的咐囑。

佛陀也慈悲地允諾鬼子母，「於贍部洲所有我聲聞弟子，每於食次出眾生食，并於行末設食一盤，呼汝名字，并諸兒子，皆令飽食永無飢苦。」以免鬼子母及其子，不再食人幼子後，無食可食。

在其他佛典中，如《鬼子母經》、《雜寶藏經》卷九、《大藥叉女歡喜母并愛子成就法》、《摩訶摩耶經》卷上及《南海寄歸內法傳》卷一等所載，有關鬼子母神之本緣，與上述大略相同。唯《雜寶藏經》謂其愛子名嬪伽羅，且說其生有一萬子，過去世為迦葉佛時羯膩王第七小女，大作功德，以不持戒故，受是鬼形。而《鬼子母經》中則說此母生有千子，五百子在天上，五百子在世間，千子皆爲鬼王，一一王者從數萬鬼。

依《南海寄歸內法傳》所載，西方諸寺，每於門屋處或在食廚邊，塑畫母形抱一兒於其膝下，或五或三，以表其像。每日於前盛陳供食。其母乃四天王之眾，有大勢力。若有疾病、無兒息者，饗食薦之，咸皆遂願。

密教列此神於胎藏界曼荼羅之外金剛部院。以鬼子母神爲本尊，所修的法爲訶利帝母法，主祈求生產平安之修法。相關儀軌有不空所譯之《大藥叉女歡喜母并愛子成就法》與《訶梨帝母真言法》。

在日本，由於密教盛行，常爲祈求安產而奉祀訶利帝母像，因此訶梨帝母法頗爲流行。其所祀形像多爲天女像。左手懷抱一子，右手持吉祥果，姿態端麗豐盈。而在《法華經》〈陀羅尼品〉中，此女神則與十羅剎女共誓守護法華行者。

羅剎日

羅剎日爲凶日之名。相傳如果在這一日舉作百事，必有殃禍。據《宿曜經》

卷下所述，羅剎日有七，即：⑴太陽直日，於此日，月與「冒」合。⑵太陰直日，於此日，月與「鬼」合。⑶火曜直日，於此日，月與「翼」合。⑷水曜直日，於此日，月與「參」合。⑸木曜直日，於此日，月與「底」合。⑹金曜直日，於此日，月與「奎」合。⑺土曜直日，於此日，月與「柳」合。

羅剎的故事

往昔一商人名薩薄，聽說他國有珍寶，便想前往，但又聽說二國間有羅剎危害來往行人，所以一直無法成行。

有一天，當薩薄來到街市西門，見有人在授五戒，一問之下，得知五戒無形，受之可得生天，便以千金求受五戒。

受戒後，即往他國，行至二國間，果真遇到一群羅剎眾，個個身長一丈三尺，頭黃如蘘，眼如赤丁，遍身鱗甲，開口如魚鼓鰓，口中涎著血，直向薩薄撲捉而來。薩薄憶起傳他戒法之人所教，若遇羅剎可聲言是釋迦五戒弟子，於是連忙開口直呼：「我是釋迦五戒弟子！」

無奈羅剎聞言依然不肯放過薩薄，但薩薄也一再奮力抵抗，不肯乖乖束手就縛。羅剎見薩薄仍在作困獸之鬥，便嘲笑他不自量力，妄想從他手下脫逃。薩薄本欲再用言語相詈，忽然一念翻轉，想到自身在三界中輪迴不休，卻從未曾以身施人，不如趁今日的機遇，布施一己之身，讓羅剎眾得一頓飽食，而以此布施功德求成無上正覺。心意一決，便以偈頌對羅剎說：「我此腥臊身，久欲相去離；羅剎得我便，悉持以布施；志求摩訶乘，果成一切智。」

羅剎眾聽了薩薄的心意與志願，大受感動，便放了薩薄，於薩薄前長跪合掌，深切悔過，並恭敬地說偈讚歎：「君是度人師，三界之希有；志求摩訶乘，成佛當不久；是故自歸命，頭面禮稽首。」

隨後，羅剎不但送薩薄至他國取得珍寶，還送他安然返家。

第四章 迦樓羅

迦樓羅（梵名 garuḍa），漢譯有迦留羅、伽樓羅、迦婁羅、金翅鳥（suparṇa，蘇鉢剌尼）、妙翅鳥、食吐悲苦聲等名。是印度神話中之一種性格猛烈的大鳥，傳爲毗濕奴天的乘騎。或說其出生時，身光赫奕，諸天誤認爲火天而禮拜之。在佛教裏，則是天龍八部眾之一。

依佛典所載，迦樓羅的翅膀是由眾寶交織而成，所以又稱金翅鳥或妙翅鳥。這種鳥的軀體極大，兩翅一張開，有數千餘里，甚至於數百萬里之大。《經律異相》卷四十八中說，此鳥所扇之風，若入人眼，其人則失明。《菩薩從兜術天降神母胎說廣普經》卷七又載，金翅鳥王身長八千由旬、左右翅各長四千由旬。

圖 85　迦樓羅

在我國的小說裏，膾炙人口的《說岳全傳》，即運用與迦樓羅有關的故事，來作該書的楔子。該書說：岳飛原是金翅鳥王轉世，秦檜即是前生曾被金翅鳥啄傷左眼的龍王。女真國的金兀朮，則是赤鬚龍所轉世。爲了平服這些龍王轉世所興起的劫難，所以佛陀才派金翅鳥降生人間。這種神話，頗可以看出佛教故事對中國小說的影響。

迦樓羅最大特色是以龍爲食，在《觀佛三昧經》卷一中描述：有金翅鳥，名正音迦樓羅王，於諸鳥中快得自在，此鳥業報應食諸龍，於閻浮提日食一龍王及五百小龍，明日復於弗婆提食一龍王及五百小龍，第三日復於瞿耶尼食一龍王及五百小龍，第四日復於鬱單越食一龍王及五百小龍，周而復始經八千歲，此鳥爾時死相已現，諸龍吐毒，無由得食。

彼鳥飢逼，周慞求食，了不能得，遊巡諸山，永不得安，至金剛山然後暫住。從金剛山直下至大水際，從大水際至風輪際，爲風所吹還至金剛山，如是七返然後命終。其命終已，以其毒故，令十寶山同時火起。爾時，難陀龍王懼燒此山，即大降雨澍如車軸，鳥肉散盡，惟有心在，其心直下如前十返，然後還住金剛

圖 86　迦樓羅

山頂。難陀龍王取此鳥心以爲明珠，轉輪王得爲如意珠。

《長阿含經》〈世記經龍鳥品〉也說：金翅鳥有卵、胎、濕、化生四種，與龍共依止住於大海北岸的羅睒摩羅樹。卵生的金翅鳥只可取食卵生的龍，胎生可食卵胎生兩種龍，濕生金翅鳥除化生龍外皆可食，化生者則四種龍皆可取食。

然而，有諸大龍王：娑竭龍王、難陀龍王、跋難陀龍王、伊那婆羅龍王、提頭賴吒龍王、善見龍王、阿盧龍王、伽拘羅龍王、伽毗羅龍王、阿波羅龍王、伽㝹龍王、瞿伽㝹龍王、阿耨達龍王、善住龍王、優睒伽波頭龍王、得叉伽龍王，此諸大龍王皆不爲金翅鳥之所搏食。其有諸龍在近彼住者，亦不爲金翅鳥之所搏食。

而《立世阿毗曇論》卷二尚記載有，其鳥因捉取龍還上樹食，鳥所食殘，猶如象骨，在地狼藉，所以四洲恆有臭氣。

由於迦樓羅與龍都敬畏佛法，因此，當迦樓羅要抓龍來吃的時候，如果龍用僧人的袈裟披身，則迦樓羅便不敢加以捕食。

在《佛說海龍王經》卷四〈金翅鳥王品〉中，有噏氣、大噏氣、熊羆、無量

圖 87　迦樓羅

色四龍王同向佛祈求護蔭，期能免除被龍噉食的恐懼。於是世尊脫下身上皂衣給龍王，並告訴龍王只要龍眾身懷皂衣之一縷，以佛之力，金翅鳥就不能侵害他們了。

在《增阿含經》卷十九〈等趣四諦品〉中，佛說若使龍王身事佛者，是時金翅鳥不能食噉，以佛恆行慈、悲、喜、護四心的緣故。

新譯《華嚴經》列舉有大速力迦樓羅王、無能壞寶髻迦樓羅王、清淨速疾迦樓羅王、心不退轉迦樓羅王、大海處攝持力迦樓羅王、堅固淨光迦樓羅王、巧嚴冠髻迦樓羅王、普捷示現迦樓羅王、普觀海迦樓羅王、普音廣目迦樓羅王等諸迦樓羅王的尊名，並說具悉已成就大方便力，善能救攝一切眾生。

《法華經》卷一也舉有大威德、大身、大滿及如意四迦樓羅王，各與若干百千眷屬，共來參與法華法會。

由於迦樓羅性格勇猛，因此密宗乃以之象徵勇健菩提心，或視之為梵天、毗紐天、大自在天或文殊菩薩的化身。而在胎藏曼荼羅中，此位列於外金剛部院。並且有以這種鳥為本尊的各種修法。以迦樓羅為本尊，為除病、止風雨、避惡雷而修的秘法，謂之「迦樓羅法」，或稱「迦樓羅大法」。

依《迦樓羅及諸天密言經》所載，凡持此法門，天上天下皆能過，不唯眾人冤敵及鬼神均不敢近，又爲悉地成就諸法中之最勝者。又據《覺禪鈔》迦樓羅法諸軌記載，修此法可得末法利益、速疾靈驗、成一切寶鳥王心成寶珠，行人得龍宮寶、得天上甘露、得財寶，降雨雪、龍王來、除蛇難、散軍陣、伏怨家、敬愛法、除病患、喚遠所人、召魚類等種種殊勝功德。

迦樓羅之形像有多種，印度山琦遺蹟中之迦樓羅僅爲單純之鳥形，然傳於後世之形像則大多爲頭翼爪嘴如鷲，身體及四肢如人類，面白翼赤，身體金色。

迦樓羅與龍化敵爲友的故事

在經典中，曾描述龍王以智慧與金翅鳥王化敵爲友的故事，據述：迦婁羅鳥所住之洲，有樹名曲深浮留。迦婁羅王名鞞那低耶，居是樹上。其大龍王名摩那斯，欲共鳥王戲時，出浮顯現，是時鳥王捉取此龍，安樹枝上。而是龍王自性本大，更復變化，能令身長。因此鳥王捉龍還樹，龍身隨之變長，遍滿樹上。是龍重故，樹爲摧曲，鳥王不得已，只好放了此龍。

鳥王因住處被龍毀壞，便悶悶不樂，心中憂惱。這時，龍王又變作天童子的模樣，以天金寶莊嚴臂手，天冠、耳璫、眾寶瓔珞以飾其身。然後到鳥王所住之處，安慰他：「好友，你有何事，如此憂惱困苦，默然獨住，起居不安？」

鳥王答曰：「如今我被摩那斯龍損壞了住處，所以悶悶不樂。」

童子答言：「好友啊！你住處損壞就這麼憂惱，龍父母被你吃食而失去眷屬，那樣的苦，你又怎麼說呢？更何況你如果還是執意要繼續吃龍，住處一定還是會被毀的。」

於是此龍鳥二王互相立誓不相侵害，永爲朋友。

金翅鳥從龍受八關齋法

在《菩薩處胎經》中，佛陀曾經告訴智積菩薩，在過去無央數劫前，佛陀曾為金翅鳥王，有七寶宮殿，後園浴池皆是七寶所成，心得自在如轉輪王。其身長八千由旬，左右兩翅各長四千由旬。當時海中有化生龍，奉持八齋戒。

有一次當此金翅鳥王以翅破海水，要捉龍來吃食，水未合時便已銜捕到一隻龍。由於金翅鳥吃龍是由尾巴吞起，於是鳥王便飛到須彌山北的大鐵樹上，準備好好大吃一頓。但是僅管這株樹，樹高六萬由旬，金翅鳥將龍掛在樹上，還是上上下下找不到龍尾在那裡，一直到隔日，龍才露出尾巴並告訴金翅鳥：「我是化生龍，以我的威力，如果不是我昨天持八齋法，你立刻就被我銷為灰滅了。」

金翅鳥聽了龍子的話，即心生敬重，悔過自責，且讚歎佛的威神甚深難量。於是邀請龍子共至其七寶宮殿遊玩。

龍子隨鳥王返回七寶宮殿後，鳥王就向龍請求：「我的眷屬不曾聞得如來八關齋法，唯願指授禁戒威儀，祈使壽終後能生人中。」

於是龍子便具以禁戒法讀誦之。金翅鳥受了八關齋戒後，口自發言：「從今以後，盡形壽不殺生，如諸佛教。」

第五章 緊那羅

緊那羅（梵 Kiṃnara），又音譯作緊捺羅、甄陀羅、真陀羅、緊捺洛。意譯爲人非人、疑，又譯作歌神、樂神。爲八部眾之一。《玄應音義》卷三說：「甄陀羅，又作真陀羅，或作緊那羅，皆訛也；正言緊捺洛，此譯云是人非人。」緊那羅中文又譯成「疑神」，這是由於他們頭上長了角，似人非人，似天非天，有點令人疑惑不定，所以名爲疑神。

另於《慧琳音義》卷十一則說：「真陀羅，古云緊那羅，音樂天也。有美妙音聲能作歌舞，男則馬首人身能歌，女則端正能舞，次此天女多與乾闥婆天爲妻室也。」

圖 88 緊那羅

緊那羅，是印度語，與龍、夜叉等同屬於天龍八部。他是諸天的音樂神之一，與乾闥婆是同一性質；凡是諸天舉行法會，都是由他們擔任奏樂的工作。

在大乘諸經中，緊那羅眾常列席於佛陀的說法會中，並以歌伎舞樂來供養讚歎佛陀。如於新譯《華嚴經》中，即列有善慧光明天緊那羅王、妙華幢緊那羅王、種種莊嚴緊那羅王、悅意吼聲緊那羅王、寶樹光明緊那羅王、見者欣樂緊那羅王、最勝光莊嚴緊那羅王、微妙華幢緊那羅王、動地力緊那羅王、攝伏惡眾緊那羅王等十位緊那羅王，與無量緊那羅眾一同前來參與華嚴法會。其各得一解脫門，皆勤精進，觀一切法，心恆快樂，自在遊戲。

依《大寶積經》卷六十五〈緊那羅授記品〉所載，大樹緊那羅王與八億眾，於佛前受記，皆得無上道，劫號常照曜。

而在《大樹緊那羅王所問經》卷一中，大樹緊那羅王（Druma-Kinnara-rāja）與無量的緊那羅、乾闥婆、諸天、摩睺羅伽等，共自香山來詣佛所，於如來前彈琉璃琴，大迦葉等歎言：「此妙調和雅之音鼓動我心，如旋嵐風吹諸樹身，不能自持。一切諸法向寂靜，如是乃至上中下，空靜寂滅無惱患，無垢最上今顯現。」

在密教中，緊那羅為俱毗羅的眷屬，位於阿闍梨所傳曼荼羅圖位中北方第三重；在現圖胎藏曼荼羅中，於外金剛部院北方，列有二尊緊那羅。俱呈肉色，一於膝上安置橫鼓，另一於膝前安置二豎鼓，皆作欲擊鼓之勢。

《法華曼荼羅威儀形色法經》則描述，妙法緊那羅王像為麞鹿馬頭面，身相赤肉色，執持音聲器，又身裸形相。

大樹緊那羅王

大樹緊那羅王（梵名 Druma-kiṃnara-rāja），是諸緊那羅王中最著名的一位。而所謂緊那羅王即是統領緊那羅眾的領導者。其中最著名的一位大菩薩，現緊那羅王身來領導緊那羅的，即是這位大樹緊那羅王。

依《大樹緊那羅王所問經》所述，大樹緊那羅王欲來見佛時，先現種種瑞相：「……遍此三千大千世界，上虛空中有諸天子，不現其形，鼓眾伎樂。聞是樂音，雪山王中，香山王中所有諸天，倍出妙香，令此三千大千世界普悉大香。時雪山王香山王中，雨眾妙花，皆流趣佛，遍滿三千大千世界。其餘諸樹，亦悉雨花。於上空中，有一寶蓋，覆萬由旬。是大寶蓋，垂真珠貫鈴網莊嚴。諸鈴網中，所出音聲柔軟悅意，有大妙音，遍聞三千大千世界。」

隨後，大樹緊那羅王與無量緊那羅眾、乾闥婆眾、天眾，摩睺羅伽眾，自香山來詣佛所，於佛前彈奏琉璃琴。其音普皆聞此三千大千世界，是琴音聲及妙歌聲，隱蔽欲界諸天音樂。爾時欲界所有諸天，皆捨音樂，來詣佛所。是大樹緊那羅王當鼓琴時，三千大千世界所有叢林諸山，所謂須彌山王、雪山、目真隣陀山、摩訶目真隣陀山、黑山，及眾藥草、樹木、叢林悉皆涌沒，猶如有人極為醉酒，前卻顛倒，不能自持。

其時，佛前大眾除不退轉菩薩，其餘一切諸大眾等，聞是琴聲及諸樂音，各不自安，從座起舞，時諸一切聲聞大眾，聞琴樂音，不能堪耐，各從座起，放捨威儀，誕貌逸樂，如小兒舞戲不能自持。

於是天冠菩薩問大迦葉，其修行頭陀常樂空寂，何以猶不能持身。因此大迦葉歎曰：「善男子！如旋嵐大風吹諸樹木、藥草、叢林，彼無有力能自安持，非彼本心之所欲樂，然彼鼓動不能自持。善男子，今此大樹緊那羅王鼓作琴樂，妙歌和順，諸簫笛音鼓動我心，如旋嵐風吹諸樹身，不能自持。」天冠菩薩見此，即告誡大迦葉應當發起無上正真菩提道心，果能如是，聞音聲則不致動搖驚揚。大樹緊那羅王更合琴説妙偈，答天冠菩薩所問，説一切音聲自虛空生，更説空、無相、無願三解脫門與無生法忍等甚深法義。

接著，大樹緊那羅王請佛至香山，佛聽許之，乃赴香山接受七夜供養，並爲説淨佈施、持戒、忍辱、精進、禪定、智慧、方便七波羅蜜之三十二法。其後，佛知八千王子之所欲問，遂以神通力令諸伎樂演出智偈問諸所疑，令諸菩薩以偈答其所問。

爾後，佛陀爲大樹緊那羅王授記，説其過六十八百千億劫已，當得作佛號功德光明如來，國名無垢月，劫名有寶，如來壽十中劫。是無垢月世界，地平如掌，白琉璃爲地，如月色極淨無垢，無諸荊棘瓦礫沙石，有妙寶台住虛空中。諸菩薩等在地經行，時兩邊有功德王光明如來世尊像現。彼佛國土無女人名，眾生皆悉化生，純一大乘。

又說，此王往昔於寶聚如來出世時，爲轉輪大王名尼泯陀羅，其與諸千子轉相禪位各各出家。而大樹緊那羅王便於寶聚如來法中，初發無上菩提心。

另於中國寺院廚房中，常供有大聖緊那羅王菩薩，相傳，有一座寺廟裏，遭到了強盜的搶劫騷亂，眼看寺院就要不保了，偏偏寺裏的出家人，又想不出好的計策。就在這時，廚房裏一位伙頭師傅，拿了一把大鏟子出來，一下子就把強盜都趕跑了；之後，這位出家人也不見了蹤影。這就是傳說中與廚房有密切因緣的緊那羅王菩薩。其實，佛經中只提有大樹緊那羅王菩薩。

第六章 乾闥婆

乾闥婆（梵名 gandharva），又音譯作犍闥婆、健達縛、乾達婆、彥達婆、犍沓和、乾沓惒、犍塔和、乾沓婆。意譯為食香、尋香、香陰、香行等。又或名為樂神、香神、尋香神、香音神、執樂天等。為八部眾之一。傳說其不食酒肉，唯以香氣為食，故而名之。

《慧琳音義》卷十二解釋：健達縛，唐云食香，以香自資故；亦云香行神，或云齅香，又言尋香神。或云居香山，或云身有異香；有言音樂神者義譯也，舊云乾闥婆，亦云乾沓和。又說其多以緊那羅女為妻眷。

乾闥婆原為婆羅門教所崇奉的神祇，相關的神話甚多，或有說為身上多毛，或有說其為半人半獸，也有說其樣貌極美。在印度神話中為天上的樂師。而在佛教中則為八部眾之一，是帝釋屬下職司雅樂之神。又，諸經中或以之為東方持國天的眷屬，是守護東方的神，且有眾多眷屬。

依《注維摩經》卷一、《維摩經玄疏》卷五所說，此神常住地上之寶山中，有時昇忉利天奏樂，善彈琴，作種種雅樂，悉皆能妙。

而在《大方等大集經》卷五十二〈提頭賴吒天王護持品〉中則說，佛令提頭賴吒天王及其子乾闥婆眾等，護持閻浮提東方第四分。

又據《大智度論》卷十所載，犍闥婆王至佛所彈琴讚佛，三千世界皆為震動，乃至摩訶迦葉不安其坐。

此外，在《法華經》卷七〈觀世音菩薩普門品〉，以此乾闥婆神為觀世音示現的三十三身之一。而《補陀落海會軌》描述其尊形為身呈赤肉色，如大牛王，頂上有八角冠，左定執簫笛，右慧持寶劍，具大威力相，髮髻有焰鬘冠。《千手千眼觀世音菩薩廣大圓滿無礙大悲心陀羅尼經》與《千手觀音造次第儀軌》，則將之列為觀音二十八部眾之一。

圖 89　乾闥婆

關於其住處在《長阿含經》卷十八〈世記經閻浮提洲品〉中記載：「佛告比丘：『雪山右面有城，名毗舍離，其城北有七黑山，七黑山北有香山，其山常有歌唱伎樂音樂之聲。山有二窟：一名爲晝，二名善晝，天七寶成，柔濡香潔，猶如天衣，妙音乾闥婆王從五百乾闥婆在其中止。』」

又，印度人將幻現於空中之樓閣山川（亦即海市蜃樓）稱爲乾闥婆城（梵Gandharvanagára），或作健達縛城、略稱爲乾達城、乾城或婆城。意譯爲尋香城。相傳是乾闥婆神於空中所化現，所以稱爲乾闥婆城。

佛典中常用此詞來形容諸法如幻如化。如《大品般若經》說：「解了諸法，如幻如焰，如水中月，如虛空，如響，如犍闥婆城，如夢，如影，如鏡中像，如化。」

《大智度論》卷六解釋此文：「如犍闥婆城者，日初出時，見城門樓櫓宮殿行人出入，日轉高轉滅。此城但可眼見而無有實，是名犍闥婆城。有人初不見犍闥婆城，晨朝東向見之，意謂實樂疾行趣之，轉近轉失，日高轉滅。飢渴悶極，見熱氣如野馬，謂之爲水，疾走趣之轉近轉滅。疲極困厄至窮山狹谷中，大喚啼哭聞有響應，謂有居民求之疲極而無所見，思惟自悟渴願心息。」

佛典中的乾闥婆諸尊

⊙《華嚴經》中的乾闥婆諸尊

在新譯《華嚴經》卷三〈世主妙嚴品〉中記載有諸乾闥婆王，各得種種解脫門：「持國乾闥婆王，得自在方便攝一切眾生解脫門；樹光乾闥婆王，得普見一切功德莊嚴解脫門；淨目乾闥婆王，得永斷一切眾生憂苦出生歡喜藏解脫門；華冠乾闥婆王，得永斷一切眾生邪見惑解脫門；喜步普音乾闥婆王，得如雲廣布普蔭澤一切眾生解脫門；樂搖動美目乾闥婆王，得現廣大妙好身令一切獲安樂解脫門；妙音師子幢乾闥婆王，得普散十方一切大名稱寶解脫門；普放寶光明乾闥婆王，得現一切大歡喜光明清淨身解脫門；金剛樹華幢乾闥婆王，得普滋榮一切樹令見者歡喜解脫門；普現莊嚴乾闥婆王，得善入一切佛境界與眾生安樂解脫門。」

這些乾闥婆王，咸皆共集前來參與無盡莊嚴的華嚴海會，並承佛威神之力以偈讚佛。

◎《大方等大集經》中的乾闥婆眾

在《大方等大集經》卷五十二〈提頭賴吒天王護持品〉中，佛陀咐囑樂勝提頭賴吒天王及其眷屬乾闥婆眾等，應護持閻浮提東方第四分。經中並列舉有諸尊乾闥婆眾。

有乾闥婆大力軍將兄弟三人：一名樂欲、二名著欲、三名熹歌。並說他們，常將兵眾有大勢力。

復有乾闥婆兄弟十一人：初名鞞利迦、次名槃梯、次名藍菩尸伲、次名迦羅荼、次名拘抧羅聲、次名耶舍失利、次名耶舍槃多、次名耶輸達羅、次名摩羅槃妬、次名摩羅緩都、次名摩頭曼多。

復有乾闥婆兄弟三人：一名尸利曼都、二名頭坻曼多、三名富師波曼多。

復有乾闥婆三十三人：初名薩陀曼都、次名耶闍曼多、次名檀那曼多、次名難提迦、次名憂波羅、次名波頭摩、次名栴檀、次名栴檀那、次名度盧摩羅娑、次名般遮羅、次名拘枳羅蘇婆羅、次名霑浮羅、次名般遮尸佉、次名搔跋尼、次名蘇羅斯、次名摩羅毗、次名跋達那、次名迦摩尸利吒、次名尼乾吒、次名尼乾吒迦、次名婆提浮羅、次名耶輪陀羅、次名毗首婆蜜多羅、次名尸騫陀、次名天鼓、次名摩兜羅、次名質多羅斯那、次名那荼王、次名禪那梨沙婆、次名尸婆迦、次名牟真鄰陀、次名毗首婆蜜哆盧、次名除珍達羅。

這些乾闥婆眾有多軍眾，有大勢力，佛陀咐囑他們應共同護持閻浮提東方第四分。

◉《法華經》中的乾闥婆王

《法華經》卷一〈序品〉中，列有四乾闥婆王：樂乾闥婆王、樂音乾闥婆王、美乾闥婆王、美音乾闥婆王，各與若干百千眷屬俱。齊至世尊所，共同參與法華盛會。

⊙《大寶積經》三億六千萬乾闥婆蒙佛授記

《大寶積經》卷六十四〈乾闥婆授記品〉中有三億六千萬乾闥婆眾，於如來所心生尊重，發了阿耨多羅三藐三菩提心，並化作三萬六千萬頭啞羅婆那大龍象王，然後騎在象上鼓天音樂及散種種香、花來供養佛陀，以偈讚佛。佛陀乃爲他們授記，未來當作佛，彼佛同號無邊慧。

乾闥婆與阿修羅通婚的故事

傳説毗摩質多阿修羅的祖先，本來是光音天的天女，在時劫初成時，入於海中洗浴，被水精侵入身中，生下一肉卵，經過八千年才生下一個女兒，身像須彌山一樣高，有九百九十九個頭，每頭有千眼，有九百九十九個口，每一皆有四牙，牙上出火，猶若霹靂一般，有二十四腳，九百九十九手。

這個女兒，在海中浮游嬉戲時，水精入其身中，生下一肉卵，經過八千年，即生下毗摩質阿修羅，其有九頭，每頭有千眼，口中常出水，有九百九十九隻手、八隻腳。

毗摩質多阿修羅王長大之後，看見於諸天都有婇女圍繞，就悶悶不樂的問母親：「爲什麼別人都成雙成對，只有我形單影隻？」

母親安慰他：「香山的乾闥婆神有一個女兒，容貌姿色美妙，皮膚白晰，過於白玉，而且身上諸毛孔都能發出妙音聲，很合我的意，希望能結下這門親事，你願意嗎？」

阿修羅高興的說：「太好了，母親您快去吧！」

於是她便到香山向乾闥婆神提親：「樂神啊！我有一個兒子，威力自在，在四天下無有堪與倫比者，您的女兒容貌出眾，宛若天女，真正能與我子匹配。不知您意下如何？」

乾闥婆王徵詢了女兒的意見，很高興的應允了，於是兩族便結下秦晉之好。

第七章 摩睺羅伽

摩睺羅伽（梵 Mahoraga），音譯又作摩護囉伽、摩呼羅伽、莫呼勒伽、莫呼洛伽、莫呼洛、摩伏勒、摩休洛。譯爲大腹行、大智行、大智腹行、大蟒、大蟒蛇或大蟒神。八部眾之一。

《慧琳音義》卷十一說：「摩休勒，（中略）是樂神之類，或曰非人，或云大蟒神，其形人身而蛇首也。」又，《維摩經略疏》卷二說：「摩睺羅伽，此是蟒神，亦云地龍，無足腹行神，即世間廟神，受人酒肉悉入蟒腹。毀戒邪諂，多嗔少施，貪嗜酒肉，戒緩墮鬼神，多嗔蟲入其身而 食之。」此是以摩睺羅伽爲無足、腹行之蟒神。

圖 90 摩睺羅伽

在佛典中常見其與其他天、龍八部眾等一起參與佛陀法會，守護佛法。

如在新譯《華嚴經》卷一〈世主妙嚴品〉中，曾舉出：「復有無量摩睺羅伽王，所謂：善慧摩睺羅伽王、清淨威音摩睺羅伽王、勝慧莊嚴髻摩睺羅伽王、妙目主摩睺羅伽王、如燈幢爲眾所歸摩睺羅伽王、最勝光明幢摩睺羅伽王、師子臆摩睺羅伽王、眾妙莊嚴音摩睺羅伽王、須彌堅固摩睺羅伽王、可愛樂光明摩睺羅伽王……，如是等而爲上首，其數無量。皆勤修習，廣大方便，令諸眾生永割癡綱。」

並提到這些摩睺羅伽王依序各得得以一切神通方便令眾生集功德解脫門、得使一切眾生除煩惱得清涼悅樂解脫門、得普使一切善不善思覺眾生入清淨法解脫門、得了達一切無所著福德自在平等相解脫門、得開示一切眾生令離黑闇怖畏道解脫門、得了知一切佛功德生歡喜解脫門、得勇猛力爲一切眾生救護主解脫門、得令一切眾生隨憶念生無邊喜樂解脫門、得於一切所緣決定不動到彼岸滿足解脫門；得爲一切不平等眾生開示平等道解脫門。

此外，密教現圖胎藏界曼荼羅中，北邊安有三尊摩睺羅伽。其中央一尊，兩手屈臂，作拳執握天衣飄帶舒頭指當胸，豎左膝而坐；左方一尊，戴蛇冠，坐向右；右方一尊，兩手吹笛，面向左。

附錄·圖像目錄

〈彩圖〉

1 毗沙門天（日本平安時代·十二世紀）
2 持國天（日本東寺藏·九世紀）
3 帝釋天（日本奈良秋篠寺藏·八世紀）
4 水天（日本平安時代·十二世紀）
5 羅剎天（十二天屏風·日本東寺藏·十二世紀）
6 十一面觀音與八大龍王（日本高野山金剛三昧院藏）
7 阿修羅（日本奈良興福寺藏）
8 八部眾面（日本東寺藏·十三世紀）

〈內文附圖〉

1 忉利天……048
2 帝釋天……051
3 帝釋天與帝釋天女……053
4 毗沙門天王與其眷屬……060
5 毗沙門天王……062
6 藏密財寶天王——毗沙門天……064
7 刀八毗沙門……067
8 廣目天……069
9 廣目天……071
10 持國天……073
11 持國天……075
12 增長天……077
13 增長天……079
14 鳩槃荼……081
15 大自在天與大自在天妃（胎藏界）……086
16 降三世明王足踏大自在天與烏摩妃……089
17 他化自在天及天女（胎藏界）……093
18 那羅延天……096
19 大梵天王……101
20 梵天妃……105

21兜率天及天女（胎藏界）……107
22兜率內院說法主彌勒菩薩……109
23金剛業菩薩……113
24鳩摩羅天（胎藏界）……116
25鳩摩羅天（金剛界）……117
26光音天及其眷屬（胎藏界）……119
27吉祥天……125
28吉祥天……127
29辯才天……129
30辯才天……131
31冰揭羅天……135
32大聖歡喜天……139
33大聖歡喜天雙身像……141
34摩利支天……145
35伎藝天……148
36堅牢地神……151
37地天……153
38水天……155
39水天及其眷屬……157
40火天……161
41火天……163
42風天（胎藏界）……166
43風天（金剛界）……168
44日天……171
45月天……173
46明星天子……177
47韋陀天……179
48大黑天……183
49福神造形的大黑天……185
50藏密瑪哈嘎拉……188
51深沙大將……190
52深沙大將……192
53-1十二天……196
53-2十二天……197
54諸尊龍王……207
55《請雨經》曼荼羅……209

56 難陀與優波難陀龍王……211
57 娑伽羅龍王……217
58 俱力迦羅龍王……222
59 龍女……253
60 龍樹菩薩……257
61 阿修羅……267
62 阿修羅……269
63 夜叉眾……281
64 夜叉神……283
65 夜叉眾……285
66 藥師十二神將……288
67 藥師十二神將……289
68 藥師十二神將……290
69 十二神將……293
70 十二神將……294
71 十二神將……295
72 十六善神……300
73 十六善神……301
74 十六善神……302
75 十六善神……303
76 曠野神……305
77 大元帥明王……307
78 散脂大將……311
79 僧慎爾耶藥叉……313
80 羅剎天……315
81 羅剎天……317
82 羅剎天……319
83 訶利帝母……329
84 訶利帝母及其愛子……331
85 迦樓羅……337
86 迦樓羅……339
87 迦樓羅……341
88 緊那羅……347
89 乾闥婆……355
90 摩睺羅伽……363

佛教小百科⑩

天龍八部

主編／全佛編輯部
發行人／黃紫婕
執行編輯／蕭婉甄　劉詠沛　吳霈媜
出版者／全佛文化事業有限公司
台北市松江路69巷10號5F
永久信箱／台北郵政24-341號信箱
電話／（02）25081731　傳真／（02）25081733
郵政劃撥／19203747　全佛文化事業有限公司
E-mail：buddhall@ms7.hinet.net
http://www.buddhall.com
行銷代理／紅螞蟻圖書有限公司
台北市內湖區舊宗路2段121巷28之32號4樓（富頂科技大樓）
電話／（02）27953656　傳真／（02）27954100

初版／2000 年 3 月
初版五刷／2011 年 1 月
定價／新台幣 350 元

國家圖書館出版品預行編目資料

天龍八部／全佛編輯部主編 .--初版 .--臺北
市：全佛文化，2000[民 89]
面；　　公分 .--(佛教小百科系列：10)
ISBN 978-957-8254-75-6 (平裝)

1. 佛教－傳記

229.9　　　　　　89003077